Musik land 7

Hauptschule Bayern

Herausgegeben von
Albrecht Scheytt und
Johannes Kaiser

zusammen mit
Bernhard Binkowski
Siegfried Krämer
Rüdiger Leibold
Jörg Lorenz
Wolfgang Schmock
Gisa Zastrau

Metzler

Musikland Bayern Band 7

Herausgegeben von
Albrecht Scheytt und
Johannes Kaiser
zusammen mit
Bernhard Binkowski
Siegfried Krämer
Rüdiger Leibold
Jörg Lorenz
Wolfgang Schmock und
Gisa Zastrau

Als Begleitmaterial sind erhältlich:
Handbuch für Lehrerinnen und Lehrer
(Best.-Nr. 3-507-02607-4)
und Hörbeispiele auf zwei CDs
(Best.-Nr. 3-507-02612-0)

 = Verweis auf Musikland 7, Hörbeispiele
A = Verweis auf Arbeitsblätter im Handbuch für Lehrerinnen und Lehrer

Gestaltungskonzept:
Brigitte und Hans-Peter Willberg, Eppstein
Illustrationen:
Verena Ballhaus, Wangen i.A.
Bernd Webler, Wiesbaden
Umschlagillustration: Verena Ballhaus, Wangen i.A.
Textgrafiken:
Rosemarie Castera, Hannover
Susanne Wennemuth, Hannover
Noten und Satz:
prima nota, Korbach
Druck: Paderborner Druck Centrum, Paderborn

ISBN 3-507-02602-3

Druck A ⁶⁵⁴³²¹ Jahr 2002 2001 00 99 98 97

Alle Drucke der Serie A sind im
Unterricht parallel verwendbar,
da bis auf die Behebung von
Druckfehlern unverändert.
Die letzte Zahl bezeichnet das Jahr des Druckes.

Printed in Germany

 Neue Rechtschreibung

Dieses Werk folgt der reformierten
Rechtschreibung und Zeichensetzung.
Ausnahmen bilden Texte, bei denen
künstlerische, philologische oder
lizenzrechtliche Gründe einer Änderung
entgegenstehen.

 Gedruckt auf Papier,
das nicht mit Chlor
gebleicht wurde.
Bei der Produktion
entstehen keine
chlorkohlenwasserstoff-
haltigen Abwässer.

CHLORFREI

Inhaltsverzeichnis

Lieder von A bis Z

Instrumental- und Sprechstücke

Tänze

Zu den Akkordsymbolen:
D/fis bedeutet: D-Dur als Sextakkord,
d.h. fis ist tiefster oder Basston. Weitere
Akkordbezeichnungen sind entsprechend
zu spielen.
Die Angaben der Basstöne sind eine Hilfe
für die Klavierbegleitung und können
von Gitarristen vernachlässigt werden.

Wir singen und musizieren

Morning has broken 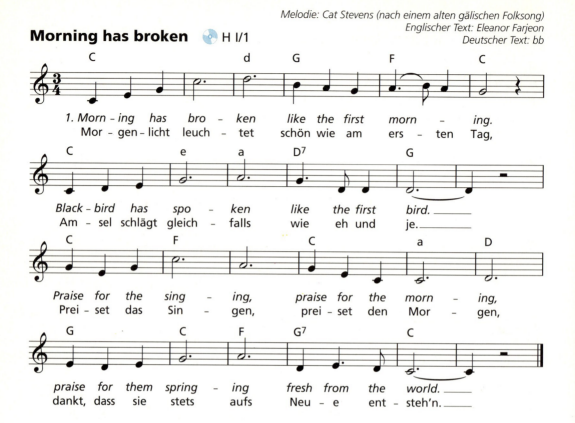 H I/1

Melodie: Cat Stevens (nach einem alten gälischen Folksong)
Englischer Text: Eleanor Farjeon
Deutscher Text: bb

1. Morn - ing has bro - ken like the first morn - ing.
Mor - gen - licht leuch - tet schön wie am ers - ten Tag,

Black - bird has spo - ken like the first bird. _____
Am - sel schlägt gleich - falls wie eh und je. _____

Praise for the sing - ing, praise for the morn - ing,
Prei - set das Sin - gen, prei - set den Mor - gen,

praise for them spring - ing fresh from the world. _____
dankt, dass sie stets aufs Neu - e ent - steh'n. _____

2. Sweet the rain's new fall, sunlit from heaven,
   like the first dewfall on the first grass.
   Praise for the sweetness of the wet garden,
   sprung in completeness where His feet pass.

3. Mine is the sunlight, mine is the morning,
   born of the one light Eden saw play.
   Praise with elation, praise ev'ry morning,
   God's recreation of the new day.

2. Sanft fällt der Regen, schimmernd im Sonnenglanz
   wie schon der Taufall einst auf das Gras.
   Preiset die Frische des feuchten Gartens,
   der sich entfaltet, wenn Gott sich naht.

3. Sonnenlicht, Morgen: Beide gehören mir,
   sind Teil des Lichtes im Paradies.
   Preist mit Frohlocken, preist jeden Morgen,
   Neuschöpfung Gottes des neuen Tags.

Aufgabe zu Seite 7:
– *Das Lied bringt eine stille Sehn-sucht zum Ausdruck. Könnt ihr Textstellen dazu nennen?*
– *Was will der Textverfasser mit den ›schweren‹ Träumen ausdrücken?*
– *Welche typischen Merkmale unserer Zeit spiegelt der Text wider?*

Heute hier, morgen dort

Melodie: Gary Bolstadt
Text: Hannes Wader

H I/2

1. Heu – te hier, mor – gen dort, bin kaum da, muss ich fort

hab' mich nie – mals des – we – gen be – klagt,

hab' es selbst so ge – wählt, nie die Jah – re ge – zählt,

nie nach ges – tern und mor – gen ge – fragt.

1.–3. Manch – mal träu – me ich schwer und dann denk' ich, es wär'

Zeit zu blei – ben und nun was ganz and – res zu tun.

So ver – geht Jahr um Jahr und es ist mir längst klar,

dass nichts bleibt, dass nichts bleibt, wie es war.

2. Dass man mich kaum vermisst,
   schon nach Tagen vergisst,
   wenn ich längst wieder anderswo bin,
   stört und kümmert mich nicht,
   vielleicht bleibt mein Gesicht
   doch dem ein' oder and'ren im Sinn.

3. Fragt mich einer, warum
   ich so bin, bleib ich stumm,
   denn die Antwort darauf fällt mir schwer.
   Denn was neu ist, wird alt,
   und was gestern noch galt,
   stimmt schon heut oder morgen nicht mehr.

El condor pasa H I/3

Melodie: Daniel A. Robles/Jorge Milchberg
Text: Paul Simon

1. I'd rath – er be a spar – row than a snail, Yes I
I'd rath – er be a ham – mer than a nail,

would, if I could, I sure – ly would.

would. A – way, I'd rath – er sail a – way

like a swan that's here and gone. A man gets

tied up to the ground, gives the world it's sad –dest sound,

it's sad – dest sound, _____ mh mh.

2. I'd rather be a forest than a street.
   Yes, I would, if I could, I surely would.
   I'd rather feel the earth beneath my feet,
   Yes, I would, if I could, I surely would.
   Away, I'd rather sail away …

¹ Schwan
Aussprache: swɔn

Die Melodie dieses Liedes geht auf eine alte Inka-Weise zurück.
Die *Inkas* sind ein südamerikanischer Indianerstamm, der von
spanischen Eroberern grausam unterdrückt wurde.
1700 versuchten die Inkas unter ihrem Häuptling *Tupac Amaru*
einen Aufstand. *Amaru* geriet jedoch in die Hände der Spanier, die
ihn töteten. Der Legende nach entzog sich der Indianer der
Gefangennahme, indem er sich in einen Kondor verwandelte und
davonflog.
In der westlichen Welt wurde das Lied bekannt mit dem hier
englisch abgedruckten Text.

Aufgaben

– Wirkt die Melodie traurig
oder lustig?
– Sucht Gründe dafür in der
Musik, z.B. in Tonge-
schlecht, Melodieführung
oder Tempo.

Un poquito cantas Ein klein wenig sing doch 🔵 H I/4

Südamerika
Deutscher Text: Heinz Benker

1. Un po-qui-to[1] can-tas[2] un po-qui-to bai-las,
1. Ein klein we-nig sing doch, ein klein we-nig tanz doch,

un po-qui-to le-lo-la___ como un ca-na-ri-o.
ein klein we-nig le-lo-la,___ wie ein Ca-na-ri-o.

Refrain

1.–4. Le-lo-la___ le-lo-la___ le-lo-le-lo le-lo-la___

le-lo-la___ le-lo-la___ le-lo-le-lo-la.

2. *Un poquito vino, un poquito aire,*
   un poquito le-lo-la como un canario.[3]
   Le-lo-la, le-lo-la, le-lo-le-lo le-lo-la,
   le-lo-la, le-lo-la, le-lo-le-lo-la.

2. Ein klein wenig Vino und ein frisches Lüftchen
   und ein wenig le-lo-la wie ein Canario.
   Le-lo-la, le-lo-la …

3. *Un poquito vientos, un poquito sombras,*
   un poquito le-lo-la como un canario,
   Le-lo-la, le-lo-la …

3. Eine kleine Brise, hin und wieder Schatten
   und ein wenig le-lo-la wie ein Canario.
   Le-lo-la, le-lo-la …

4. *Un poquito machos[4], un poquito chicas,*
   un poquito le-lo-la como un canario.
   Le-lo-la, le-lo-la …

4. Einmal flotter Bursche, einmal flinkes Mädchen
   und ein wenig le-lo-la wie ein Canario.
   Le-lo-la, le-lo-la …

Rhythmische Begleitung zum Refrain (siehe Seite 109)
Achtung: Takt 8 ist verkürzt

[1] *Aussprache: pokito*
[2] *Aussprache: kantas*
[3] *canario = Bewohner der Kanarischen Inseln*
[4] *Aussprache: matschos*

Blowin' in the wind   H I/5

Melodie und Text: Bob Dylan
Deutscher Text: bb

2. How many years can a mountain exist before it's washed to the sea?
   Yes, 'n' how many years can some people exist before they're allowed to be free?
   Yes, 'n' how many times can a man turn his head pretending he just doesn't see?
   The answer ...
3. How many times must a man look up before he can see the sky?
   Yes, 'n' how many years must one man have before he can hear people cry?
   Yes, 'n' how many deaths will it take till he knows that too many people have died?
   The answer ...

1. Sag, wie viel Wege ein Mensch muss geh'n, bevor man ihn Mensch nennen kann?
   Ja, und wie oft muss kreuzen die Taube ein Meer, bevor sie schläft in dem Sand?
   Ja, und wie oft müssen fliegen Kanonenkugeln, eh sie sind für immer gebannt?
   Die Antwort, mein Freund, sie weht nur in dem Wind, die Antwort, sie weht nur in dem Wind.
2. Wie viele Jahre kann ein Berg wohl besteh'n, eh er vom Meer ist zerstört?
   Ja, und wie viele Jahre können Menschen leben wohl, bevor man sie leben lässt frei?
   Ja, und wie oft kann ein Mensch schauen weg von aller Not,
   so tun, als ob er gar nichts säh'? Die Antwort, ...
3. Sag, wie oft muss wohl ein Mensch aufschau'n, bevor er den Himmel kann seh'n?
   Ja, und wie viele Ohren muß haben er, bevor er das Volk hört schrei'n?
   Ja, und wie viele Tode sind nötig, bis er weiß, dass zu viel gestorben sind? Die Antwort, ...

Auld lang syne

Schottland
Text: Robert Burns (1759–1796)
Deutscher Text: Claus Ludwig Laue

1. Should auld ac-quain-tance be for-got and nev-er brought to mind?
1. Nehmt Ab-schied, Brü-der, un-ge-wiss ist al-le Wie-der-kehr,

Should auld ac-quain-tance be for-got, and days of auld lang syne?
die Zu-kunft liegt in Fin-ster-nis und macht das Herz uns schwer.

1.–2. For auld lang syne, my dear, for auld lang syne,
1.–4. Der Him-mel wölbt sich ü-ber's Land, a-de, auf Wie-der-seh'n.

we'll take a cup o' kind-ness yet for auld lang syne.
Wir ru-hen all' in Got-tes Hand, lebt wohl, auf Wie-der-seh'n.

2. An' there's a hand, my trusty friend, and gie's a hand o' thine,
   we'll take a cup of kindness yet for the sake of auld lang syne.
   For auld …

2. Die Sonne sinkt, es steigt die Nacht; vergangen ist der Tag.
   Die Welt schläft ein und leis erwacht der Nachtigallen Schlag.
   Der Himmel wölbt sich …

3. So ist in jedem Anbeginn das Ende nicht mehr weit,
   wir kommen her und gehen hin und mit uns geht die Zeit.
   Der Himmel wölbt sich …

4. Nehmt Abschied, Brüder, schließt den Kreis, das Leben ist ein Spiel;
   und wer es recht zu spielen weiß, gelangt ans große Ziel.
   Der Himmel wölbt sich …

Der deutsche Text gibt eine besinnliche Abschieds- und Abendstimmung wieder und schlägt in der 3. und 4. Strophe sinnbildlich eine Brücke zum Jenseits. Das Lied sollte daher in dieser Fassung ruhig und verhalten gesungen werden.

Der schottische Originaltext dagegen erinnert an ›alte Freundschaft‹ und ›längst vergangene Zeiten‹ und fordert im Refrain zu einem Umtrunk auf jene alte Zeit auf. In Großbritannien wird dieses Lied in raschem Tempo öfter als Abschluss einer Abendveranstaltung gesungen, ebenso auf vielen internationalen Jugendtreffen; jede(r) Teilnehmer/-in singt dann den Text in ihrer (seiner) Muttersprache.

Gstanzln

Bayern

1. Beim Nach – barn, die_ Bäu – rin, mei_ Lia – ba, is schlau.

Gibt der Kuah an Scho – ko – lad und wart_ dann auf Ka – kao.

2. Da drobn auf dem Berge
   steht a damische Kuah,
   macht die Augen mal auf
   und machts dann wieder zua.

3. Mir hoam nur oan Fehler
   in unserer Gmoa:
   Die Kirchen is z'groß
   und as Wirtshaus is z'kloa.

4. Wanns Leberkaas regnet
   und Bratwürschtl schneibt,
   nacha bitt' ma den Herrgott,
   dass's Wetter so bleibt.

5. Es gibt g'wiss dann koan Streit
   und alls geht in Ruah,
   wann oana nix redt
   und die andern hör'n zua.

Als *Gstanzln* bezeichnet man vierzeilige Spottgedichte oder Verse mit witzigem, oft hintersinnigem Inhalt. Sie werden zu einer bekannten und eingängigen Melodie oft aus dem Stegreif heraus erfunden.

Aufgaben
– *Versucht selber zur Melodie ein paar lustige ›Gstanzln‹ auf Mitschüler oder Lehrer, auf den Alltag im Unterricht oder eure Freizeit zu erfinden.*

– *Die drei ersten Töne bilden einen F-Dur-Dreiklang. Versucht einmal, das zweite Achtel ›a‹ einen Halbton tiefer zu singen, so dass eine Moll-Melodie entsteht.*

Trara, das tönt wie Jagdgesang   Kanon

Mündlich überliefert

1. Tra – ra, das tönt wie Jagd – ge - sang,
2. wie wil – der und fröh – li – cher Hör – ner - klang,
3. wie Jagd – ge - sang, wie Hör – ner - klang:
4. Tra – ra, tra – ra, tra – ra.

In diesem Kanon werden die Einzelnoten zu einer Einheit von 2 ♩
je Takt zusammengefasst.
Beim Dirigieren schlägt man einen Zweiertakt.

Aufgaben

– *Dirigiert und singt gleich-
zeitig die Melodie.
Eine(r) dirigiert die Klasse.
Sie (er) muss jeder der vier
Kanongruppen ihren
›Einsatz‹ geben.*

Und jetzt gang i ans Peters Brünnele

Steiermark

Strophe

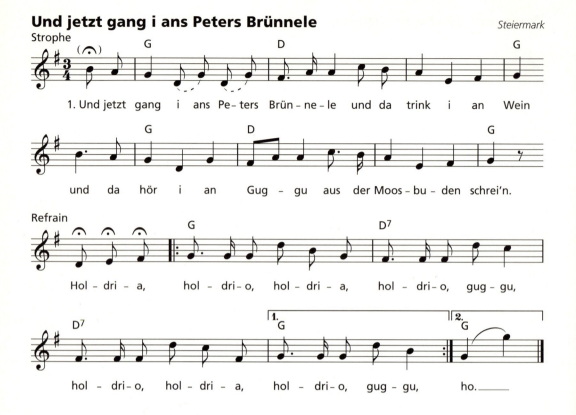

1. Und jetzt gang i ans Pe-ters Brün-ne-le und da trink i an Wein

und da hör i an Gug-gu aus der Moos-bu-den schrei'n.

Refrain

Hol-dri-a, hol-dri-o, hol-dri-a, hol-dri-o, gug-gu,

hol-dri-o, hol-dri-a, hol-dri-o, gug-gu, ho.___

2. Und der Adam hat d'Liab erdacht und der Noah den Wein,
   und der David den Zitherschlag, 's müssen Steira g'wesen sein.

3. Und a Büchserl zum Schiaßn und a Gamsbock zum Jagn,
   und a Diandl zum Liabhabn muass a Steirabua habn.

4. Kauft's mer ab mei schöns Büchserl, kauft's mer ab mei grean Hut,
   kauft's mer ab mei liabs Diandl, weil i einrücken muass.

Bewegungs-anleitung Die Stühle stehen im Kreis.	*Liedstrophen:* Zählzeit 1: Hände auf Schenkel patschen; Zählzeit 2: Hände ineinander klatschen; Zählzeit 3: Mit Daumen und Finger in die Luft schnalzen. *Refrain:* 3x ⌢ : Patschwirbel auf die Schenkel mit sonst wie Liedstrophe 1. Beim Refrain nach der zweiten Strophe wird das ›guggu‹ *zweimal* gesungen und geschnalzt, nach der dritten Strophe *dreimal*.

Wenn alle Brünnlein fließen

Schwaben
Satz: Fritz Jöde

2. Ja, winken mit den Äugelein und treten auf den Fuß;
   l: 's ist eine in der Stube drin, die meine werden muss. :l

3. Warum sollt' sie's nicht werden, ich hab' sie ja so gern';
   l: sie hat zwei blaue Äugelein, die leuchten wie zwei Stern'. :l

4. Sie hat zwei rote Wängelein, sind röter als der Wein;
   l: ein solches Mädel find'st du nicht wohl unter'm Sonnenschein. :l

Aufgabe
*Singt und vergleicht
die erste und
die zweite Stimme
miteinander.
Klingt sie gleich,
ähnlich oder
verschieden?*

Am Brunnen vor dem Tore

Melodie: Franz Schubert (1797–1828) /
Friedrich Silcher (1789–1860)
Text: Wilhelm Müller (1794–1827)

1. Am Brun - nen vor dem To - re, da steht ein Lin - den - baum.

Ich träumt' in sei - nem Schat - ten so man - chen sü - ßen Traum.

Ich schnitt in sei - ne Rin - de so man - ches lie - be Wort;

es zog in Freud' und Lei - de zu ihm___ mich im - mer fort,

zu ihm___ mich im - mer fort.

2. Ich musst' auch heute wandern vorbei in tiefer Nacht,
   da hab ich noch im Dunkeln die Augen zugemacht.
   Und seine Zweige rauschten, als riefen sie mir zu:
   Komm her zu mir, Geselle, hier findst du deine Ruh!

3. Die kalten Winde bliesen mir grad ins Angesicht,
   der Hut flog mir vom Kopfe, ich wendete mich nicht.
   Nun bin ich manche Stunde entfernt von jenem Ort,
   und immer hör ich's rauschen: Du fändest Ruhe dort!

Und in dem Schneegebirge

Mündlich überliefert aus Schlesien

1. Und in dem Schnee – ge – bir – ge, da fließt ein Brünn – lein kalt. Und wer dar – aus tut trin – ken, und wer dar – aus tut trin – ken, der wird ja nim – mer alt.

2. »Ich hab' daraus getrunken
gar manchen frischen Trunk,
ich bin nicht alt geworden,
ich bin noch allzeit jung.«

3. »Ade, mein Schatz, ich scheide.
Ade, mein Schätzelein!«
»Wann kommst du aber wieder,
Herzallerliebster mein?«

4. »Wenn es wird schneien Rosen
und regnen kühlen Wein,
ade, mein Schatz, ich scheide,
ade, mein Schätzelein.«

5. »Es schneit ja keine Rosen
und regn't auch keinen Wein:
So kommst du auch nicht wieder
Herzallerliebster mein!«

Sailing   H I/6

Melodie und Text: Gavin Sutherland

1. I am sail – ing, I am sail – ing, home a –
gain____ 'cross the sea. I am sail – ing storm – y
wa – ters. To be near__ you to be free.

2. I am flying, I am flying,
like a bird 'cross the sky.
I am flying passing high clouds,
to be with you to be free.

3. und 4. Can you hear me, can you hear me,
thro' the dark night far away.
I am dying forever trying,
to be with you who can say.

5. We are sailing, we are sailing,
home again 'cross the sea.
We are sailing stormy waters,
to be near you to be free.

Wer kann segeln – Vem kan segla H I/7

Norwegen
Satz und deutscher Text: bb

1. Vem kan seg - la för u - tan vind?
2. Wer kann se - geln ganz oh - ne Wind,

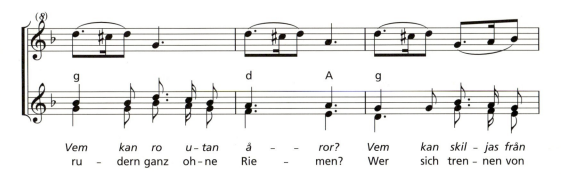

Vem kan ro u - tan å - - ror? Vem kan skil - jas från
ru - dern ganz oh - ne Rie - men? Wer sich tren - nen von

vän - nen sin u - tan att fäl - la tå - - rar?
sei - nem Freund, oh - ne dass Trä - nen flie - - ßen?

2. Jag kan segla för utan vind.
Jag kan ro utan åror.
Men ej skiljas'från vännen min
uttant att fälla tårar.

2. Ich kann segeln ganz ohne Wind,
rudern ganz ohne Riemen.
Doch beim Abschied vom Freunde mein
werden die Tränen fließen.

Herr, bleibe bei uns Kanon

Kanonfassung: Albert Thate
Text: Lukas 24, 29

1. Herr, blei – be bei—— uns;————

2. denn es will A – – bend wer – – den,

3. und der Tag hat sich—— ge – – nei – – get.

Im *Lukasevangelium* steht der Bericht über die zwei Jünger
Jesu, die aus Jerusalem in ihr Dorf Emmaus zurückgingen.
Sie waren traurig, weil ihr Herr den Tod am Kreuze erlitten
hatte. Unterwegs gesellte sich zu ihnen der auferstandene
Jesus, den sie aber nicht erkannten. Er erklärte ihnen aus
den Büchern der Propheten, warum dies alles geschehen
musste.
Als sie an ihr Haus kamen und Jesus scheinbar weiter-
gehen wollte, baten sie ihn mit den Worten des Kanons
»Herr, bleibe bei uns …« zu übernachten. Aber erst
als er beim Essen das Brot brach, erkannten sie ihn.
Er jedoch war verschwunden.

Ade zur guten Nacht

Franken und Rheinpfalz, 19. Jahrhundert
Satz: bb

1. A - de zur___ gu - ten___ Nacht, jetzt wird der___

Schluss ge - macht, dass ich muss___ schei - - den.

Im Som - mer___ wächst der___ Klee, im Win - ter___

schneit's den___ Schnee, da komm' ich___ wie - - der.

2. Es trauern Berg und Tal,
   wo ich viel tausendmal
   bin drüber gangen;
   das hat deine Schönheit gemacht,
   die hat mich zum Lieben gebracht
   mit großem Verlangen.

3. Das Brünnlein rinnt und rauscht
   wohl unterm Holderstrauch,
   wo wir gesessen.
   Wie manchen Glockenschlag,
   da Herz bei Herzen lag,
   das hast du vergessen!

Es kommt ein Schiff

Melodie: 1608, Text: 15. Jh.
Satz: as

Es kommt ein Schiff ge – la – den bis an den höchs – ten Bord,

trägt Got – tes Sohn voll Gna – den, des Va – ters e – wigs Wort.

2. Das Schiff geht still im Triebe, es trägt ein teure Last;
   das Segel ist die Liebe, der heilig Geist der Mast.

3. Der Anker haft auf Erden, da ist das Schiff am Land.
   Das Wort tut Fleisch uns werden, der Sohn ist uns gesandt.

4. Zu Bethlehem geboren im Stall ein Kindelein,
   gibt sich für uns verloren; gelobet muss es sein.

Aufgaben
- *Könnt ihr die Tonart der Melodie feststellen?*
- *Was bewirkt der Taktwechsel in der Mitte des Liedes?*

Melodie: Paderborn (1850)
Text: 16. Jahrhundert, Satz: bb

Maria durch ein Dornwald ging

Blockflöte

1. Ma — ri — a durch ein   Dorn – wald ging.   Ky – ri – e – lei – – son.

Ma — ri — a durch ein___ Dorn – wald ging,   der___
dum   dum

hat in sie – ben Jahrn kein Laub ge – tra – gen.   Je – sus und Ma — ri — a!
dum   dum

*Akkordbezeichnungen gelten nur
für die einstimmige Melodie*

2. Was trug Maria unter ihrem Herzen?
   Kyrieleison.
   Ein kleines Kindlein ohne Schmerzen,
   das trug Maria unter ihrem Herzen.
   Jesus und Maria!

3. Da haben die Dornen Rosen getragen.
   Kyrieleison.
   Als das Kindlein durch den Wald getragen,
   da haben die Dornen Rosen getragen.
   Jesus und Maria!

Aufgaben

– *Die Takte 5–8 bilden
  Sequenzen. Singt die
  Melodie dieser Takte
  und beachtet ihren
  melodischen Verlauf
  von Takt zu Takt.*

– *Gebt in eigenen Worten eine
  Erklärung des
  Begriffes ›Sequenz‹
  (deutsch: ›Aufeinanderfolge‹).*

Musikgeschichte und Musikgeschichten

Lieder mit Geschichte – Geschichten in Liedern

Kaspar  H I/8

Reinhard Mey

1. Sie sag-ten, er kä-me von Nürn-berg

her und er sprä-che kein Wort.

Auf dem Markt-platz stan-den sie um ihn

her und be-gaff-ten ihn dort.

Die ei-nen raun-ten: »Er ist ein Tier«, die

an-dern frag-ten: »Was will der hier?«

Und dass er sich doch zum Teu-fel

scher'. »So jagt ihn doch fort,

so jagt ihn doch fort!«

2. Sein Haar in Strähnen und wirre, sein Gang war gebeugt.
»Kein Zweifel, dieser Irre ward vom Teufel gezeugt.«
Der Pfarrer reichte ihm einen Krug
voll Milch, er sog in einem Zug.
»Er trinkt nicht vom Geschirre, den hat die Wölfin gesäugt!«

3. Mein Vater, der in unserem Ort der Schulmeister war,
trat vor ihn hin, trotz böser Worte rings aus der Schar;
er sprach zu ihm ganz ruhig und
der Stumme öffnete den Mund
und stammelte die Worte: »Heiße Kaspar.«

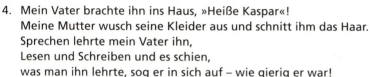

4. Mein Vater brachte ihn ins Haus, »Heiße Kaspar«!
Meine Mutter wusch seine Kleider aus und schnitt ihm das Haar.
Sprechen lehrte mein Vater ihn,
Lesen und Schreiben und es schien,
was man ihn lehrte, sog er in sich auf – wie gierig er war!

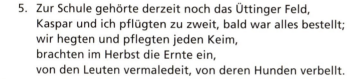

5. Zur Schule gehörte derzeit noch das Üttinger Feld,
Kaspar und ich pflügten zu zweit, bald war alles bestellt;
wir hegten und pflegten jeden Keim,
brachten im Herbst die Ernte ein,
von den Leuten vermaledeit, von deren Hunden verbellt.

6. Ein Wintertag, der Schnee war frisch, es war Januar.
Meine Mutter rief uns: »Kommt zu Tisch, das Essen ist gar!«
Mein Vater sagte: »... Appetit«,
ich wartete auf Kaspars Schritt,
mein Vater fragte mürrisch: »Wo bleibt Kaspar?«

7. Wir suchten und wir fanden ihn auf dem Pfad bei dem Feld.
Der Neuschnee wehte über ihn, sein Gesicht war entstellt,
die Augen angstvoll aufgerissen,
sein Hemd war blutig und zerrissen.
Erstochen hatten sie ihn, dort am Üttinger Feld!

8. Der Polizeirat aus der Stadt füllte ein Formular.
»Gott nehm' ihn hin in seiner Gnad'«, sagte der Herr Vikar.
Das Üttinger Feld liegt lang schon brach,
nur manchmal bell'n mir noch die Hunde nach,
dann streu ich ein paar Blumen auf den Pfad, für Kaspar.

Um die Person des KASPAR HAUSER (1812–1833) ranken sich viele geheimnisvolle Züge. So besagte ein erst viel später widerlegtes Gerücht, er sei der erste Sohn des *Erzherzogs Karl von Baden,* der im Interesse einer anders geplanten Erbfolge vom Hofe ferngehalten wurde.
Die vorliegende Ballade beruht auf geschichtlich belegten Ereignissen: 1828 tauchte HAUSER in Nürnberg auf und berichtete, er sei zeit seines Lebens in einem dunklen Zimmer allein festgehalten worden. Nachdem sich namhafte Bürger seiner Erziehung angenommen hatten, starb er an einer tödlichen Stichwunde eines unbekannten Täters. Sein Schicksal hat zu zahlreichen journalistischen Berichten und literarischen Abhandlungen angeregt.

Wir zogen in das Feld

1540 bei Georg Forster II
»Frische teutsche Liedlein«

2. Wir kam'n vor Siebentod[2],
   da hätt'n wir weder Wein noch Brot.

3. Wir kamen vor Friaul[3],
   da hätt'n wir allesamt voll Maul.

Dieses Lied wurde in den Feldzügen Kaiser KARL' V. (1519–1556) von deutschen Landsknechten gesungen, die von ihm als Söldner angeworben worden waren. Wahrscheinlich hatten sie im fremden Land einige italienische Brocken aufgeschnappt, die sie im Refrain ohne rechten Sinn aneinander reihten.

[1] Verdorbenes Landsknecht-italienisch
[2] Cividale, Stadt in Oberitalien
[3] Oberitalienische Provinz
x[1] = Einzeltöne ohne Akkordbegleitung spielen

Prinz Eugen

1717/1719
Satz: bb

1. Prinz Eu- gen, der ed - le Rit - ter, wollt' dem Kai - ser wied'- rum krie- gen Stadt und Fe-stung Bel - ge- rad. Er ließ schla - gen ei - nen Bru - cken, dass man kunnt hin - ü - ber ru - cken mit d'r Ar - mee wohl vor die Stadt.

2. Als der Brucken war geschlagen, dass man kunnt mit Stuck[1] und Wagen
   frei passier'n den Donaufluss:
   Bei Semlin schlug man das Lager, alle Türken zu verjagen,
   ihn'n zum Spott und zum Verdruss.

3. (6.) Alles saß auch gleich zu Pferde, jeder griff nach seinem Schwerte,
   ganz still ruckt man aus der Schanz;
   d'Musketier wie auch die Reiter täten alle tapfer streiten;
   's war fürwahr ein schöner Tanz!

4. (8.) Prinz Eugenius wohl auf der Rechten tät als wie ein Löwe fechten
   als Gen'ral und Feldmarschall.
   Prinz Ludewig ritt auf und nieder: »Halt' euch brav, ihr deutschen Brüder,
   greift den Feind nur herzhaft an!«

[1] *Stücke = Geschütze*

Der Ausdruck »ein schöner Tanz« in der dritten Strophe geht
möglicherweise zurück auf Darstellungen eines Totentanzes, in
dem die Gleichheit aller Menschen gegenüber dem Tode künstlerisch gestaltet wird.

Aufgabe

*Erfindet ein dreitaktiges Vorspiel für das Lied; benutzt für das
Vorspiel als Ausgangspunkt einen der sechs Takte der Melodie mit
Auftakt.*

PRINZ EUGEN VON SAVOYEN
war ein bekannter Feldherr in
den Türkenkriegen, die
mehrere Jahrhunderte tobten.
Im Lied wird seine Rolle bei der
Rückeroberung von Belgrad
1717 geschildert.

Prinz Eugen, der edle Ritter, op. 92   H I/9

Melodie und Satz: Carl Loewe (1796–1869)
Text: Ferdinand Freiligrath (1810–1876)

1. Zelte, Posten, Werdarufer! Lust'ge Nacht am Donauufer!
Pferde stehn im Kreis umher, angebunden an den Pflöcken;
an den engen Sattelböcken hangen Karabiner schwer.

2. Um das Feuer auf der Erde, vor den Hufen seiner Pferde
liegt das österreich'sche Pikett.[1] Auf dem Mantel liegt ein jeder;
von den Tschakos[2] weht die Feder, Leutnant würfelt und Kornett.[3]

Der (Kunst-)Ballade des Dichters FERDINAND FREILIGRATH in der Vertonung von CARL LOEWE liegt das gleiche Ereignis zugrunde wie dem Volkslied »Prinz Eugen« (s. Seite 27): die Befreiung Belgrads von der türkischen Besetzung.
Im Volkslied wird der Vorgang in Einzelheiten berichtet, das vorliegende Gedicht weist dagegen erst in Strophe vier ›Vor acht Tagen die Affaire‹ (Gefecht) indirekt darauf hin.

3. Ne – ben sei – nem mü – den Sche – cken[4]
4. Vor acht Ta – gen der Af – fai – re

ruht auf ei – ner woll'-nen De – cken der Trom – pe – ter ganz al – lein;
hab' ich zu Nutz dem gan – zen Hee – re in ge – hör' – gen Reim ge – bracht.

»Lasst die Knö – chel,[5] lasst die Kar – ten, kai – ser – li – che Feld – stan – dar – ten
Sel – ber auch ge – setzt die No – ten, drum ihr Wei – ßen und ihr Ro – ten

[1] Vorposten (Kompanie)
[2] Helm
[3] Reiterfähnrich
[4] geschecktes Pferd
[5] Würfel

Aufgaben
– *Vergleicht die Ballade mit dem gleichnamigen Volkslied.
Wer ist in den beiden Texten die Hauptperson, was steht im
Mittelpunkt der Schilderung im Volkslied, welcher Vorgang wird
in der LOEWE-Ballade dargestellt?*
– *Klatscht den Rhythmus von Lied und Ballade und vergleicht ihn.*

wird ein Rei – ter – lied er – freun!«
merket auf und ge-bet acht!«

15 p
5. Und er singt die neu – e Wei-se

poco f
p

ein – mal, zwei – mal, drei-mal lei – se de-nen Rei – ters – leu-ten vor;

cresc.
20
und wie er zum letzten Ma-le endet, bricht mit einem Ma-le los der vol-le kräft'ge Chor

cresc.

Aufgaben

– *Vergleicht den Tonumfang in beiden Kompositionen.*
   Welche ist leichter zu singen?
– *In welcher Strophe der Ballade und in welcher Stimme kommt die*
   Melodie des Volksliedes vor?
– *Was hört ihr in der Oberstimme der Begleitung in den Takten 24–26?*

6. »Prinz Eu – gen, der ed – le Rit – ter!« Hei, das klang wie Un – ge – wit – ter

weit ins Tür – ken – la – ger hin. Der Trom-pe – ter tät den Schnurrbart strei-chen

und sich auf die Sei – te schleichen zu der Mar – ke – ten – de – rin.[6]

---

[6] *Gemischtwarenhändlerin*

– *Beachtet die sich ändernde Lautstärke (Dynamik) in der letzten Strophe. Was könnte hier und besonders im letzten Takt angedeutet werden?*

– *Stellt die Situation in den ersten drei Strophen szenisch dar oder/und gebt sie in einem Bild wieder.*

Einigkeit und Recht und Freiheit
(»Das Lied der Deutschen«)

Melodie: Joseph Haydn (1732–1809)
Text: A.H. Hoffmann von Fallersleben (1798–1874)

3. Ei-nig-keit und Recht und Frei-heit für das deut-sche Va-ter-land!
Da-nach lasst uns al-le stre-ben brü-der-lich mit Herz und Hand!

Ei-nig-keit und Recht und Frei-heit sind des Glü-ckes Un-ter-pfand.

Blüh' im Glan-ze die-ses Glü-ckes, blü-he deut-sches Va-ter-land!

Die oben abgedruckte dritte Strophe gehört zu dem Gedicht »Das Lied der Deutschen«, dessen Anfangsstrophen folgenden Wortlaut haben:

1. Deutschland, Deutschland über alles,
über alles in der Welt!
Wenn es stets zu Schutz und Trutze
brüderlich zusammenhält,
von der Maas bis an die Memel,
von der Etsch bis an den Belt.
Deutschland, Deutschland über alles,
über alles in der Welt!

2. Deutsche Frauen, deutsche Treue,
deutscher Wein und deutscher Sang
sollen in der Welt behalten
ihren alten schönen Klang,
uns zu edler Tat begeistern
unser ganzes Leben lang.
Deutsche Frauen, deutsche Treue,
deutscher Wein und deutscher Sang!

Die Melodie der deutschen Nationalhymne schrieb JOSEPH HAYDN in Wien im Jahr 1795 als Hymne auf den österreichischen *Kaiser Franz I.* Der ursprüngliche Text lautete: ›Gott erhalte Franz, den Kaiser‹. Im Jahre 1841 verfasste der Dichter HOFFMANN VON FALLERSLEBEN auf die Melodie HAYDNS einen neuen Text: ›Das Lied der Deutschen‹. Seine Absicht war, die vielen kleinen und zersplitterten Teilstaaten zu einem vereinten Deutschland aufzurufen. Die Grenzen von damals, wie sie in der ersten Strophe besungen werden, stimmen mit den heute gültigen Ländergrenzen nicht überein. Um politische Missverständnisse zu vermeiden und um keine Erinnerungen an nationalsozialistische Machtansprüche wachzurufen, wurde im Jahre 1952 in einem Briefwechsel zwischen dem damaligen Bundespräsidenten HEUSS und dem Bundeskanzler ADENAUER vereinbart, nur die dritte Strophe als deutsche Nationalhymne zu singen.

Nach der Wiedervereinigung Deutschlands am 3. Oktober 1990 bekräftigte Bundeskanzler HELMUT KOHL in seinem Schreiben vom 23. August 1991 an den damaligen Bundespräsidenten RICHARD VON WEIZSÄCKER: »Der Wille der Deutschen zur Einheit in freier Selbstbestimmung ist die zentrale Aussage der 3. Strophe des Deutschlandliedes. Deshalb stimme ich Ihnen namens der Bundesregierung zu, daß sie Nationalhymne der Bundesrepublik Deutschland ist.«

God save our gracious Queen
Nationalhymne Großbritanniens

Melodie und Text: 1745 erstmals veröffentlicht

God save our gra - cious Queen, long live our no - ble Queen;
God save the Queen. Send her vic - to - ri - ous, hap - py and
glo - ri - ous, long to__ reign o - ver us, God__ save the Queen.

Englands Königin ist seit 1952 ELISABETH II. In der Geschichte Englands saßen jedoch selten Königinnen auf dem Herrscherthron. Als die englische Hymne zum ersten Mal im Jahre 1745 im Druck erschien, saß auf dem Thron ein König: Damals lautete der Text:

Von allen Nationalhymnen der Welt ist die englische die nachweisbar älteste. Verfasser von Melodie und Text sind nicht bekannt.

God save our gracious King,
long live our noble King,
God save the King.
Send him victorious,
happy and glorious,
long to reign over us,
God save the King.

Aufgaben
– *Wie oft erscheint der rhythmische Baustein ♩. ♪♪ in der Melodie und welchen Richtungsverlauf hat die Melodie an diesen Stellen?*
– *Vergleicht die Takte 7/8 und 9/10 miteinander und benennt die Art der Melodiebildung.*

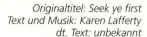

Originaltitel: Seek ye first
Text und Musik: Karen Lafferty
dt. Text: unbekannt

Halleluja

Hal – le – lu – ja, hal – le – lu, hal – le – lu – ja, hal – le – lu – ja, hal – le – lu – ja!

Hal – le – lu – ja, hal – le – lu, hal – le – lu – ja, hal – le – lu – ja, hal – le – lu – ja!

Oberstimme

Hal – le – lu – ja, hal – le – lu – ja, hal – le – lu – ja, hal – le – lu – ja!

1. Suchet zuerst Gottes Reich in dieser Welt,
   seine Gerechtigkeit. Amen
   So wird euch alles von ihm hinzugefügt.
   Halleluja, halleluja.

2. Betet und ihr sollt es nicht vergeblich tun.
   Suchet und ihr werdet finden.
   Klopft an und euch wird die Türe aufgetan.
   Halleluja, halleluja.

3. Laßt Gottes Licht durch euch scheinen in die Welt,
   daß sie den Weg zu ihm findet
   und sie mit euch jeden Tag Gott lobt und preist.
   Halleluja, halleluja.

4. So wie die Körner auf Erden weit verstreut,
   zu einem Brote geworden,
   so führt der Herr die zusammen, die er liebt.
   Halleluja, halleluja.

In dem kleinen Dorf *Taizé*, zwischen Dijon und Lyon gelegen, rief FRÈRE ROGER SCHUTZ in den Kriegswirren des Jahres 1940 ein Hilfswerk für bedrängte Menschen ins Leben. Bald bildete sich eine ordensähnliche Gemeinschaft (›communauté‹) von faszinierender Anziehungskraft und wurde Vorbild für ähnliche ›Fraternitäten‹ (Bruderschaften). Seit vielen Jahren treffen sich dort jährlich über 50 000 junge Menschen verschiedener Konfessionen und Länder, um in Stille, Gebet, Gesang und Gespräch zu einem neuen Lebenssinn zu finden. Von Taizé aus wurde das »Halleluja« in alle Welt getragen.

Refrain und Strophen werden auf die gleiche Melodie gesungen, die Strophen von einzelnen, der Refrain von allen.

Die Oberstimme erklingt nur im Refrain, der auch durch eine rhythmische Begleitung eine Steigerung erfahren kann.

Oberstimme

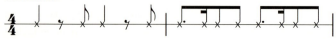

Melodie: 15. Jahrhundert; Text: Wittenberg 1524
Strophe 1: 14. Jahrhundert, die weiteren Strophen:
Martin Luther (1483–1546)

Gelobet seist du, Jesu Christ

1. Ge – lo – bet seist du, Je – su Christ, dass du Mensch ge – bo – ren bist

von ei – ner Jung-frau, das ist wahr; des freu – et sich der En – gel Schar.

Ky – ri – e – leis.

2. Des ew'gen Vaters einig Kind
   jetzt man in der Krippen find't;
   in unser armes Fleisch und Blut
   verkleidet sich das ewig' Gut. Kyrieleis.

3. Den aller Welt Kreis nie beschloss,
   der liegt in Marien Schoß;
   er ist ein Kindlein worden klein,
   der alle Ding erhält allein. Kyrieleis.

4. Er ist auf Erden kommen arm,
   dass er unser sich erbarm'
   und in dem Himmel mache reich
   und seinen lieben Engeln gleich. Kyrieleis.

5. Das hat er alles uns getan,
   sein' groß' Lieb' zu zeigen an.
   Des freu' sich alle Christenheit
   und dank' ihm des in Ewigkeit. Kyrieleis.

Dieses Lied gehört mit seiner ersten Strophe und seiner Melodie zu den ältesten deutschen Weihnachtsliedern.

Die Melodie wurde im 14. Jahrhundert in Notenformen aufgeschrieben, die heute nicht mehr gebräuchlich sind. Auch eine Einteilung durch Taktstriche gab es nicht. Deshalb sind sie in der Melodie oben nur angedeutet.

Go down, Moses

Spiritual, USA
Satz: bb

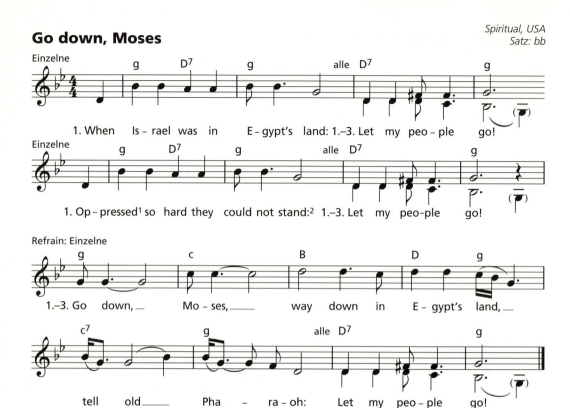

1. When Is – rael was in E – gypt's land: 1.–3. Let my peo – ple go!

1. Op – pressed[1] so hard they could not stand:[2] 1.–3. Let my peo – ple go!

Refrain: Einzelne

1.–3. Go down, Mo – ses, way down in E – gypt's land, tell old Pha – ra – oh: Let my peo – ple go!

2. Thus saith the Lord, bold Moses said …
   If not, I'll smite your firstborn dead[3] …

3. No more shall they in bondage toil[4] …
   Let come them out with Egypt's spoil[5] …

[1] unterdrückt
[2] aushalten
[3] deinen Erstgeborenen töten
[4] in Sklaverei sich abplagen
[5] Beute

Moses befreite, wie im Alten Testament berichtet wird,
die Israeliten aus einer langen Knechtschaft in Ägypten.
Furchtlos ging er zum Pharao (König) und forderte ihn auf:
»Lass mein Volk ziehen!«
Mehr als 3000 Jahre später waren die schwarzen Sklaven in
den Südstaaten der USA in einer ähnlich bedrückenden Lage.
Sie suchten Trost in den biblischen Berichten und schufen
Spirituals (Geistliche Lieder), die sie voller Leidenschaft sangen.

Aufgabe
*Singt und ruft das
›Let my people go.‹
Im Refrain summt
die Klasse die Melodie
mit, die von Einzelnen
gesungen wird.*

Oh, when the Saints

Spiritual, USA

1. Oh, when the Saints go marching in, oh, when the Saints go marching in,

then, Lord, let me be in that num-ber when the Saints go marching in.

2. I: And when the bands begin to play :I then, Lord ...

3. I: And when the stars begin to shine :I then, Lord ...

4. I: And when the sun refuse' to shine :I then, Lord ...

5. I: And when they crown him king of kings :I then, Lord ...

6. I: And on that hallelujah-day :I then, Lord ...

Viele Lieder der schwarzen Bevölkerung Amerikas aus dem 19. Jahrhundert haben einen religiösen Inhalt. Dabei werden einfache, zum Teil aus der Bibel entlehnte Bilder verwendet, die ihren Vorstellungen und Gefühlen entsprechen.

Aufgaben

– *Sucht Gründe für die religiösen Inhalte. – Wohin marschieren die Heiligen (Strophe 1)?*
– *Wann und weshalb will der Sänger in der ›band‹ (Blaskapelle) mitspielen (Strophe 2)?*
– *Auf welche Weise kann er dabei sein, wenn die ›Sterne zu scheinen beginnen‹ (Strophe 3)?*
– *Woher stammt das Bild, dass die ›Sonne ihren Schein verliert‹, sich verfinstert und was bedeutet es (Strophe 4)?*
– *Wer wird zum ›König der Könige‹ gekrönt (Strophe 5)?*
– *Begleitet das Spiritual mit folgenden Rhythmen (s. auch Seite 93):*

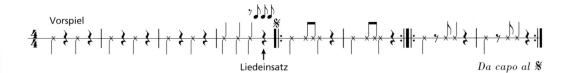

Vorspiel

↑ Liedeinsatz

Da capo al ⅌

Guantanamera – Freiheitslied und Evergreen   H I/10

Melodie: Joseito Fernandez
Text: José Marti
Deutscher Text: bb

Guan-ta-na-me-ra, gua-ji-ra Guan-ta-na-me-ra,

Guan-ta-na-me-ra, gua-ji-ra Guan-ta-na-me-ra.

Yo soy un hom-bre sin-ce-ro de don-de cre-ce la pal-ma,

yo soy un hom-bre sin-ce-ro de don-de cre-ce la pal-ma.

Y an-tes de mo-rir me quie-ro e-char mis ver-sos del al-ma.

Wörtliche Übersetzung:

Guantanamera, guajira Guantanamera.

1. Yo soy un hombre sincero,
   de donde crece la palma, (2x)
   y antes de morir me quiero
   echar mis versos del alma.
   Guantanamera …

2. Mi verso es de un verde claro
   y de un carmin encendido, (2x)
   mi verso es un ciervo herido
   que busca en el monte amparo.
   Guantanamera …

3. Con los pobres de la tierra
   quiero yo mi suerte echar, (2x)
   el arroyo de la sierra
   me complace más que el mar.
   Guantanamera …

Mädchen von Guantanamo.

1. Ich bin ein freiheitsliebender Mann
   und komme aus einem Land, wo Palmen wachsen.
   Bevor mich der Tod zum Schweigen bringt,
   möchte ich mir meine Lieder vom Herzen singen.
   Guantanamera …

2. Meine Gedichte sind von sanftem Grün
   und von flammendem Rot.
   Mein Lied gleicht einem verwundeten Hirsch,
   der sich in die Bergwälder flüchtet.
   Guantanamera …

3. Mit den Armen der Erde
   möchte ich mein Schicksal teilen.
   Der Fluss in den Bergen
   gefällt mir besser als das freie Meer.
   Guantanamera …

Den Text dieses populären Songs verfasste der kubanische
Dichter JOSÉ MARTI (1853–1895). Ursprünglich war es
ein Lied der kubanischen Befreiungsbewegung gegen die
spanische Kolonialherrschaft. Durch viele unterschiedliche
Aufnahmen wurde das Lied zu einem Evergreen.

Rhythmische Begleitung zu »Guantanamera«

Harmonische Begleitung:

(Basstöne siehe Akkordbezeichnungen)

Musik der Spielleute um 1600

Spielleute, das waren in gewisser Weise die ›Pop-Musiker‹ des Mittelalters. Als ›Fahrende‹ streiften sie – zusammen mit Spaßmachern und Gauklern – von Land zu Land und waren auch im Tross von Kriegsheeren zu finden. Die ›gelehrte‹ Musik der Klöster und Kirchen interessierte sie wenig. Auf Dudelsack, auch Sackpfeife genannt, auf Drehleiern und Fideln spielten sie bei Jahrmärkten, Volksfesten und Hochzeiten zu Tanz und Unterhaltung auf. Von den Gebildeten wurden sie häufig verabscheut; ihre Musik sei teuflisch, behauptete die Kirche. Die Spielleute kümmerte das wenig, denn überall hatten sie großen Zulauf.

Viele von ihnen wurden aber auch in Städten sesshaft und nahmen Dienste an als *Stadtpfeifer* oder *Turmmusiker;* sie waren Tanzgeiger und Trommler oder stiegen gar zum *Hoftrompeter* auf. Zu ihrer eigenen Sicherheit gründeten sie Spielmannsgenossenschaften oder Zünfte und erhielten dadurch Rechte wie andere Bürger; darüber wachte das ›Spielgrafenamt‹.

In der Stadt Wien wurde eine solche Zunft mit dem Namen ›Nikolaibrüderschaft‹ schon im Jahr 1288 gegründet; aus ihr entwickelte sich das heute weltberühmte Orchester der Wiener Philharmoniker.

Die Lieder und Tanzweisen der Spielleute gerieten in Vergessenheit. Später, manchmal erst in unserem Jahrhundert, wurden sie z.T. wiederentdeckt, weil fleißige Chronisten sie aufgezeichnet hatten.

Es finden sich Lieder und Tanzweisen darunter, die bis heute ihre unverwechselbare Schönheit behalten haben und wieder neu belebt wurden.

Auf der rechten Seite findet ihr das Tanzlied vom ›Schwanendreher‹

Aufgaben

– *Musiziert das Lied auf Tasten- oder Melodie-instrumenten und begleitet die Melodie auf einem Fellinstrument.*

– *Wie kann man den Text deuten? Was für ein Mensch ist dieser ›Schwanendreher‹?*

– *Hört euch die Schwanendreher-Melodie an, wie sie der deutsche Komponist* PAUL HINDEMITH *(1895–1963) als Thema in seinem Bratschenkonzert verwendet, das er 1935 als Solist zum ersten Mal in Amsterdam aufführte.*

– *Welche Instrumente beteiligen sich an der Melodie?*

– *Passt diese alte Melodie zum neuen ›Gewand‹?*

– *Erklingt die Melodie wie notiert oder finden Wiederholungen statt?*

Spielleute um 1600

Der Schwanendreher H I/11

aus Ph. Hainhofers Lautenbuch, 1603

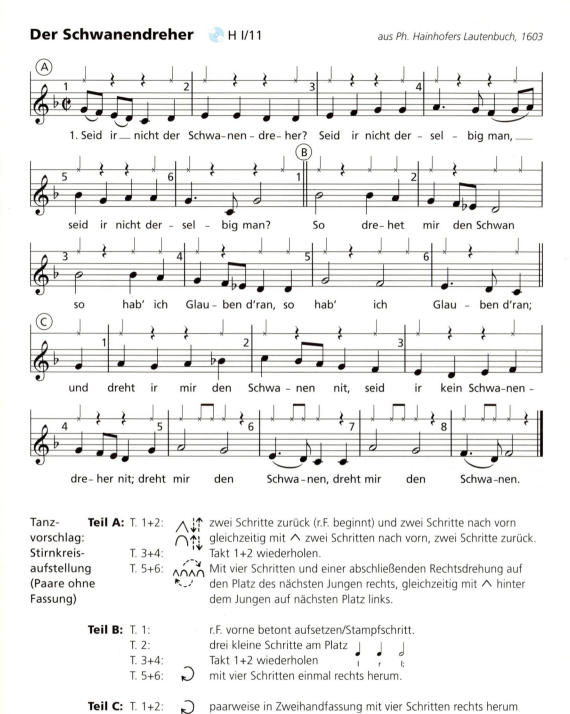

1. Seid ir — nicht der Schwa-nen – dre-her? Seid ir nicht der - sel - big man, —
seid ir nicht der - sel - big man? So dre-het mir den Schwan
so hab' ich Glau – ben d'ran, so hab' ich Glau – ben d'ran;
und dreht ir mir den Schwa – nen nit, seid ir kein Schwa-nen –
dre-her nit; dreht mir den Schwa-nen, dreht mir den Schwa-nen.

Tanz-vorschlag:
Stirnkreis-aufstellung
(Paare ohne Fassung)

Teil A: T. 1+2: zwei Schritte zurück (r.F. beginnt) und zwei Schritte nach vorn, gleichzeitig mit ∧ zwei Schritten nach vorn, zwei Schritte zurück.
T. 3+4: Takt 1+2 wiederholen.
T. 5+6: Mit vier Schritten und einer abschließenden Rechtsdrehung auf den Platz des nächsten Jungen rechts, gleichzeitig mit ∧ hinter dem Jungen auf nächsten Platz links.

Teil B: T. 1: r.F. vorne betont aufsetzen/Stampfschritt.
T. 2: drei kleine Schritte am Platz
T. 3+4: Takt 1+2 wiederholen
T. 5+6: mit vier Schritten einmal rechts herum.

Teil C: T. 1+2: paarweise in Zweihandfassung mit vier Schritten rechts herum
T. 3+4: wie Takte 1+2, jedoch links herum und in den Kreis zurückstellen

T. 5+6: beide Rechtsdrehung

T. 7+8: beide Linksdrehung

(Jürgen Klenk)

Drehung   am Platz

Bänkelsänger – Straßenmusikanten aus alter Zeit

Bänkelsänger waren Musikanten, die früher als ›fahrendes Volk‹ zusammen mit anderen Schaustellern von einem Jahrmarkt zum anderen durchs Land zogen. Dort bauten sie inmitten der glitzernden Welt der schönen Mädchen und tanzenden Bären, der Kuriositäten und Sensationen, des Staunens über nie Gesehenes ein große Leinwand, ihr *Schild,* auf. Bunte Bilder stellten darauf den Verlauf einer spannenden Geschichte dar. Dann nahmen sie Fidel, Dreh-orgel oder Gitarre zur Hand und stellten sich auf eine Bank. Von dort konnten sie von den Jahrmarktbesuchern besser gesehen und gehört werden.

Mit lauter Stimme sangen sie ihre schaurigen Geschichten von unglücklich Liebenden, von Räubern und Mordtaten, von Unglücksfällen und Naturkatastrophen. Mit dem Zeige-stab in der Hand und finsterem Blick deuteten sie auf die Bilder der Leinwand. Drohende Gebärden und wilde Gesten jagten den Leuten Schauer über den Rücken, aber sie waren fasziniert und kauften die kleinen Bänkelliedheftchen, in denen sie die ›erschröcklichen‹ Geschichten ›nebst einem Liede‹ nachlesen konnten.

Moritatensänger-Ehepaar in Paris.
Holzschnitt nach einer Zeichnung um 1870

Bänkelsänger. Kupferstich von Johann Wilhelm Meil (1733–1805)

Aufgaben

– *Erklärt den Begriff »Bänkelsänger«.*
Welche Begleitinstrumente werden im Text genannt? Welche weiteren Instru-mente wären auch geeig-net? Wie mussten sie beschaffen sein?
Wovon handelten die alten Bänkellieder?
– *Womit verdienten die Bänkelsänger Geld?*
Zu welcher Gesellschafts-schicht mochten sie gehört haben?
Warum gilt der ›Bänkelsang‹ als eine Mischform aus Wort, Ton und Bild?

💿 H I/12

In der Lü-ne-bur-ger Hei-de nachts ein ar-mer
Schnei-der riß, sah ein Licht zu sei-ner Freu-de
schim-mern in der Fin-ster-nis.

Und er eilt zur Wirtshausstube, / Wirt und
Wirtin waren froh, / doch der Wirt, der war ein
Bube, / und die Wirtin, die war roh !

Und es schlief die arme Seele, / Wirt und
Wirtin traten ein, / schnitten kalt ihm ab die
Kehle, / grad als ob er wär' ein Schwein.

Raubten alles dann dem Armen / Und,
daß nichts entdeckt sollt' sein, / schoben sie ihn,
ohn Erbarmen, / in den Backofen hinein .

Von des Schneiders Fleisch verbreitet / sich
sogleich ein starker Duft. / ein Gendarm des
Mordes deutet / und bringt alles an die Luft.

Hingerichtet, voller Reue / sieht man hier
des Mörders Blut, / dann kam sie auch an die
Reihe, / dem g'schieht's recht, der sowas tut.

Aufgaben
- Singt die Melodie zu 💿 H I/12.
- Warum war es notwendig, die Tonfolgen der alten Bänkellieder so einfach wie möglich zu gestalten?
- Ordnet die sechs Strophen des Liedes den vier Bildern auf dem ›Schild‹ zu.
- In den Bänkelliedheftchen waren die Lieder auch als zusammenhängende Geschichten abgedruckt. Schreibt den Mord an dem Schneidergesellen als Erzählung auf.

Schild zu »Der schauerliche Mord an einem Schneider-gesellen«

Die erschröckliche Geschichte
vom finsteren Ritter Hadubrand

Melodie: mündlich überliefert
Text: Ulrich Kabitz

1. Herr Ha – du-brand in Gram und Sorg, der lebt auf ei - ner Rit - ter -
Er lebt in Gram und Sor - ge nur und war ein schreck-li - cher Bar -

borg. Ein Bar - bur, ein Bar-bur, und die Ge - schich-te ist ganz wuhr.
bur.

2. Einst traf er an ein Mägdulein
und ging mit ihr Verlobung ein.
Dabei war er ein finst'rer Mann,
den niemand richtig leiden kann.
I: Mägdulein, sei nicht dumm,
lass ihn laufen, diesen Lump! :I

3. Der Ritter hat in einer Nacht
ihr ganz' Vermögen umgebracht.
Darauf verstieß er sie sofort,
obwohl er Treue ihr geschwort,
I: sie sofort, sie sofort,
obwohl er Treue ihr geschwort. :I

4. Das Mägdlein weint und heulte sehr,
so wie man heute weint nicht mehr.
Doch drunten an dem Ritterschloss,
da floss vorbei ein tiefer Floss.
I: In den Floss, in den Floss,
sich das arme Mägdlein schmoss. :I

5. Der Ritter lag in seiner Kammer
gerad' im allertiefsten Schlammer.
Da plötzlich trat um Punkt zwölf Uhr
ein riesiges Gespenst hervur.
I: Ein Gespenst, riesengroß,
das war das Fräulein auf dem Schloss. :I

6. Der Ritter zittert, und es grinst
ihn an das schreckliche Gespinst.
Schnell zog er über Kopf und Wanst
die Bettdeck vor dem Schreckgespanst.
I: Das Gespunst, das Gespunst
auf den Ritter grinst und grunzt. :I

7. So kam der Spuk nun jede Nacht,
hat an dem Ritter sich gerächt.
Da half nicht Geld noch Zauberkunst,
stets kam und heulte das Gespunst.
I: »Hadubrand, Hadubrand,
pfui, pfui Teufel« – und verschwand. :I

8. Gespensterspuk bei Nacht und Graus
hält selbst ein Rittersmann nicht aus.
Drum lag er ein's Tags in der Fruh
maustot auf seinem Kanapu.
I: Und so ward, kaum vollbracht,
furchtbarlich die Tat gerächt. :I

Aufgaben

– Singt die Moritat von Herrn
Hadubrand. Euer Gesang
darf ruhig ein bisschen
›marktschreierisch‹ klingen.
– Mit seinen Reim- und
Wortspielen hat der Texter
den schaurigen Geschichten
ihren Schrecken genommen.

Warum wirken die Reim-
wörter witzig?
Nennt Beispiele.
– »Übersetzt« einige Strophen
in die ›normale‹ Sprache
zurück. Beschreibt die
Wirkung.
– Erfindet eine Begleitung

mit Rhythmusinstrumenten.
– Bleibt in der Tradition der
Bänkellieder und Moritaten:
Dichtet die Geschichte vom
finsteren Ritter Hadubrand
um, aktualisiert sie, erfindet
einen neuen Schluss, textet
ganz neu …

Die Moritat – das nicht ganz ernst genommene Bänkellied

Vom Jahrmarkt wurden die Bänkellieder von Handwerksburschen und Bauern in die Kneipen und Gasthöfe getragen. Von dort wanderten sie in die Nähzimmer und Plättstuben der Mädchen und wurden schließlich auch in gutbürgerlichen Wohnhäusern gesungen. Texte und Melodien wurden verändert, zurechtgeflickt, verschärft, ergänzt, umgedeutet und aktualisiert.

Bald entdeckte man die komische Seite der grausigen Bänkellieder. Ironie mischte sich in die Darstellung der Schauergeschichten. Man fand Gefallen an witzigen Reimspielen und komischen Wortumbildungen. Vor allem Studenten freuten sich an der maßlos übertriebenen Gestaltung der Mordtaten in Text und Art der Darbietung. Plötzlich waren Erzählungen nicht mehr furchterregend, sondern nur noch grotesk und nicht mehr ernst zu nehmen.

Eine neue Form des Bänkelsangs, seine eigene Parodie, war entstanden – die *Moritat*.

Aufgabe *A 1*

Gestaltet die Moritat auf ganz unterschiedliche Weise:
- *als »lebende Bilder« mit Musik*
- *als gemalte Bilder auf ›Schild‹ oder ›Staffelei‹ (Gesang)*

- *als gespielte Szene mit musikalischer Untermalung*
- *als Erzählgeschichte*
- *in einem Bänkelliedheftchen*
- *als Puppenspiel*
- *als neuen Text, in dem ihr z.B. aktuelle Schulgeschichten durch den Kakao zieht.*

Macht euch einen genauen Plan, wie ihr vorgehen wollt. Denkt dabei an Musik, Kulisse, Requisiten, Kostüme, Spieler usw.
Die Bilder auf den nächsten Seiten geben euch Anregungen.

Szene	Requisiten und Kostüme	Instrumente, Art des Vortrags	Kulisse und Beleuchtung
1.) Ritter sitzt an Holztisch, den Kopf in die Hände gestützt...	Holztisch, Zinnbecher, Umhang, Bart, gefärbte Augenbrauen...	Julia singt alleine, Gitarre, bei „Ein Bar= bur ..." Trommel, alle singen mit...	Scheinwerfer mit Gelbfilter, im Hintergrund Steinmauer, Kaminfeuer...
2.)			

»Ein Gespenst, riesengroß, das war …«

Verlobung auf
der »Ritterborg«

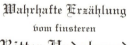

Wahrhafte Erzählung
vom finsteren
Ritter Hadubrand
der sein
liebend Weib
in den Tod trieb

Nebst einem Liede
Rotingen anno 1997
Klasse 7a

Bänkelliedheftchen

Hadubrand
als Heiratsschwindler
unterwegs!

Die moderne Filmversion.
»Ruhe! Ich bin der Regisseur!«

Bild für Bild: die Moritat von Herrn Hadubrand

Am seidenen Faden:
Puppengespenst

Moderne Bänkellieder

Das Bedürfnis der Menschen nach Unterhaltung ist uralt.
Schon immer waren sie begierig nach Sensationen, hörten
gerne Klatschgeschichten, versuchten Geheimnisumwittertes
zu ergründen, waren dem Verbrechen auf der Spur, staunten
über Unvorstellbares.
Daran hat sich bis in unsere Zeit nichts geändert.
Heute aber versorgen Fernsehen, Radio, Presse und Video-
Clips die Menschen mit Kriminal- und Liebesgeschichten, mit
Sensationen und Klatsch. Da hört man die alten Bänkellieder
und Moritaten allenfalls noch auf mittelalterlichen Festen,
die die Zeit von damals aufspüren.
Und doch gibt es auch heute noch Musiker, die die Tradition
des Bänkelsangs am Leben erhalten: FRANZ JOSEF DEGEN-
HARDT, WOLF BIERMANN, HELEN VITA und REINHARD MEY
gehören dazu.
Von REINHARD MEY stammt zum Beispiel das bekannte Lied
»Kaspar«, das auf S. 24 und 25 abgedruckt ist. Schon viel
früher, nämlich im Jahre 1834, hat ein heute unbekannter
Verfasser das Bänkellied »Kaspar Hauser – das ungelöste
Rätsel von Nürnberg« geschrieben.

Aufgaben

– Hört euch das Lied »Kaspar«
  von REINHARD MEY an.
   H I/8
  Stimmt der Inhalt mit den
  typischen Themen und
  Stoffen des Bänkelliedes
  überein? *A 2*

– Wie trägt REINHARD MEY
  seine Lieder vor?
  Vergleicht mit alten
  Bänkelsängern. *A 3*

Musik erzählt

Der Zauberlehrling

Hat der alte Hexenmeister
sich doch einmal wegbegeben!
Und nun sollen seine Geister
auch nach meinem Willen leben.
Seine Wort' und Werke
merkt' ich und den Brauch,
und mit Geistesstärke
tu' ich Wunder auch.

    Walle! walle
    Manche Strecke,
    Dass zum Zwecke
    Wasser fließe,
    Und mit reichem, vollem Schwalle
    Zu dem Bade sich ergieße!

Und nun komm, du alter Besen!
Nimm die schlechten Lumpenhüllen!
Bist schon lange Knecht gewesen;
nun erfülle meinen Willen!
Auf zwei Beinen stehe,
oben sei ein Kopf,
eile nun und gehe
mit dem Wassertopf!

    Walle! walle
    Manche Strecke,
    Dass zum Zwecke
    Wasser fließe,
    Und mit reichem, vollem Schwalle
    Zu dem Bade sich ergieße!

Seht, er läuft zum Ufer nieder;
wahrlich! ist schon an dem Flusse,
und mit Blitzesschnelle wieder
ist er hier mit raschem Gusse.
Schon zum zweiten Male!
Wie das Becken schwillt!
Wie sich jede Schale
voll mit Wasser füllt!

    Stehe! stehe!
    Denn wir haben
    Deiner Gaben
    Vollgemessen! –
    Ach, ich merk' es! Wehe! wehe!
    Hab' ich doch das Wort vergessen!

Aufgaben

– Sprecht über den Inhalt der Ballade.
– Die Ballade lässt sich in vier Sinnabschnitte einteilen. Gebt die Inhalte dieser Abschnitte mit eigenen Worten wieder.
– Welche Stimmungen werden in den einzelnen Strophen ausgedrückt?

– An welchen Stellen der Ballade geschieht etwas, was man musikalisch gestalten oder verstärken könnte?
– Versucht die Handlung und die Stimmungen mit Musik (und Geräuschen) darzustellen. Ihr dürft dazu alle möglichen Instrumente

und passenden Klangerzeuger verwenden.
– Welche Instrumente könnten für bestimmte Personen oder Vorgänge eingesetzt werden?

Ach, das Wort, worauf am Ende
er das wird, was er gewesen.
Ach, er läuft und bringt behände!
Wärst du doch der alte Besen!
Immer neue Güsse
bringt er schnell herein,
ach, und hundert Flüsse
stürzen auf mich ein.

Nein, nicht länger
Kann ich's lassen;
Will ihn fassen.
Das ist Tücke!
Ach, nun wird mir immer bänger!
Welche Miene! Welche Blicke!

O, du Ausgeburt der Hölle!
Soll das ganze Haus ersaufen?
Seh' ich über jede Schwelle
doch schon Wasserströme laufen.
Ein verruchter Besen,
der nicht hören will!
Stock, der du gewesen,
steh' doch wieder still!

Willst's am Ende
Gar nicht lassen?
Will dich fassen,
Will dich halten,
Und das alte Holz behände
Mit dem scharfen Beile spalten.

Seht, da kommt er schleppend wieder!
Wie ich mich nun auf dich werfe,
gleich, o Kobold, liegst du nieder;
krachend trifft die glatte Schärfe!
Wahrlich, brav getroffen!
Seht, er ist entzwei!
Und nun kann ich hoffen,
und ich atme frei!

Wehe! wehe!
Beide Teile
Steh'n in Eile
Schon als Knechte
Völlig fertig in die Höhe!

Und sie laufen! Nass und nässer
wird's im Saal und auf den Stufen.
Welch entsetzliches Gewässer!
Herr und Meister! hör mich rufen –
ach, da kommt der Meister!
Herr, die Not ist groß!
Die ich rief, die Geister,
werd' ich nun nicht los.

»In die Ecke,
Besen! Besen!
Seid's gewesen!
Denn als Geister
Ruft euch nur zu seinem Zwecke
Erst hervor der alte Meister.«

JOHANN WOLFGANG VON GOETHE *(1759–1832)*

Aufgabe
Erfindet eine Melodie für die Hauptperson. Versucht die Stimmung der Person mit der Spielweise der Melodie auszudrücken (z.B. freudig, stolz, schreckerfüllt, wütend usw.).

Bei der musikalischen Ausgestaltung der Ballade könnt ihr einige musikalische Grundbegriffe anwenden.

ff	*f*	*mf*	*p*	*pp*
fortissimo	forte	mezzoforte	piano	pianissimo

sehr laut ——————————————— sehr leise

crescendo (lauter werdend)   decrescendo (leiser werdend)

accelerando (acc.)   ritardando (rit.)
(allmählich schneller werdend)   (langsamer werdend)

Aufgabe

*Legt den Ablauf eurer Begleit-
musik zum »Zauberlehrling« in
einer Partitur fest.*

Handlung	Stimmung	musikalische Aus= führung (Instrumente, Spielweise, Laut= stärke, Tempo usw.)
Meister geht weg. Zauberlehrling ist allein im Haus — will die Zauberformel anwenden (wieder= holt diese)	freudig selbstbewusst oder selbstgefällig	
Zauberlehrling hat Erfolg — vergisst aber die Gegenformel...	glücklich, stolz ängstlich, erschreckt verzweifelt	

*Überlegt euch, wie die Ballade
vom »Zauberlehrling« szenisch
ausgeführt werden könnte.*

Zum Beispiel:

– *als Schattenspiel mit
lebenden Personen oder
mit Schattenspielfiguren;
dazu benötigt ihr u.a.
ein großes Bettlaken,
zwei Kartenständer,
einen Tageslichtprojektor,
blaue Folien oder Chiffon-
tücher zur Darstellung des
Wassers.*

– *als Spiel mit Handpuppen
bzw. Stabpuppen oder
Marionetten, die im Kunst-
unterricht hergestellt
werden könnten.*

*Im Deutschunterricht könntet
ihr eine eigene Geschichte
schreiben und dabei Teile des
Originaltextes von GOETHE
mitverwenden.*

GOETHES Ballade vom »Zauberlehrling« hat den französischen
Komponisten PAUL DUKAS (1865–1935) dazu angeregt,
die Geschichte in Musik umzusetzen (Sinfonische Dichtung).

DUKAS hat in diesem »Scherzo nach einer Ballade von Goethe«
drei Melodien (Themen) verwendet, die immer wieder
zu hören sind.

H I/13

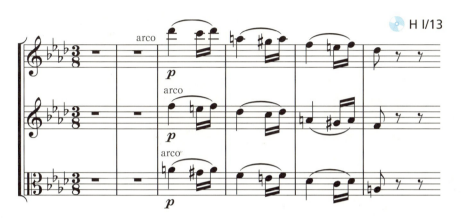

Hörner
in F

Tromp.
in C

Aufgabe
*Überspielt geeignete Teile der Musik von DUKAS auf eine Kassette.
Damit könnt ihr euer Spiel vom »Zauberlehrling« als ›Collage‹ aus
eigener Musik und Originalmusik von DUKAS gestalten.*

Aufgaben
– *Was stellt der Komponist
wohl mit den einzelnen
Themen dar?*
– *Ordnet die drei Haupt-
themen passenden
Textteilen zu.*
– *Welche Instrumente
erkennt ihr?*

Ein Fluss *A 4*

Aufgabe
*Versucht mit Instrumenten, die in eurer Schule
vorhanden sind, ein fließendes Gewässer darzustellen. Unterscheidet Bach, Wildwasser,
Strom u. a.*

Aufgabe
*Ihr hört drei Musikausschnitte. Ordnet sie den
Bildern zu und beschreibt die musikalischen
Mittel, mit denen die Bilder dargestellt werden.
Legt eine Tabelle an und tragt eure Ergebnisse
ein.* 🔵 H I/14–16

	Bild A	Bild B	Bild C
Überschrift:			
musikalische Mittel:			

FRIEDRICH SMETANA (1824–1884) liebte seine Heimat Tschechien so sehr, dass er ein sechsteiliges Musikwerk mit dem Titel »Mein Vaterland« komponierte. Im zweiten Teil dieses Werkes erzählt er den Verlauf des Flusses Moldau.

Die Moldau entspringt aus zwei Quellen im Böhmerwald; die eine Quelle ist warm, die andere kühl. Beide Quellbäche vereinigen sich und wachsen zu einem Fluss heran. Der Fluss fließt durch einen Wald, in dem gerade gejagt wird. Er kommt an einem Dorf vorbei, wo ein Hochzeitsfest im Gange ist. In der Nacht tanzen die Wassernymphen beim Mondenschein auf den Wellen. An den St.-Johannis-Stromschnellen verwandelt sich die Moldau in ein tosendes Wildwasser und fließt danach wieder ruhig an der Burg Vyšehrad in Prag vorbei. Dann entschwindet der Fluss in der Ferne und verliert sich in der Elbe.

Aufgaben H I/17–24
– *Sucht den Fluss Moldau auf einer Karte.*
– *Mit verschiedenen Bildern vom Verlauf des Flusses stellt SMETANA die Moldau dar. Sucht mit Hilfe des Textes und der Grafik passende Überschriften für diese Bilder.*
– *Ordnet die Hörbeispiele den einzelnen Bildern vom Flussverlauf zu. Begründet eure Entscheidung. (Achtet auf Instrumente, Tanzform, Stimmung.)*

Modest Mussorgsky: »Gnomus«

Am 23. Juli 1873 starb der russische Maler und Architekt
VICTOR HARTMANN. Ihm zu Ehren fand im Frühjahr 1874
eine Ausstellung von Bildern, Architektur- und Kostüm-
entwürfen, Reiseskizzen und kunsthandwerklichen Arbeiten
statt.
Ein Freund des Verstorbenen, der Komponist MODEST
MUSSORGSKY schrieb, angeregt durch den Besuch der
Ausstellung, innerhalb von zwei Monaten die Klavier-
komposition »Bilder einer Ausstellung«. Er wählte zehn
Bilder aus. Mit seiner Komposition wollte er die Sprache
der Malerei und Architektur in die Sprache der Musik
übertragen.

Das erste Bild, von dem MUSSORGSKY musikalisch erzählt,
heißt »Gnomus«. Vorlage für das Bild war ein kleiner
Spielzeugnussknacker.

Victor Hartmann (1834–1873)

Gnomus
Die Zeichnung stellt einen
kleinen Zwerg dar, der linkisch
auf missgestalteten Beinen
einhergeht.

Aufgaben
– *Beschreibt, wie der Gnom
aussehen und sich bewegen
könnte.*
– *Überlegt, mit welchen
Instrumenten und
welchen Klängen ihr den
Gnom darstellen könnt.*
– *Erstellt eine Übersicht und
legt für die Gestaltung
einen Ablauf fest.*
– *Erstellt eine Kassetten-
aufnahme von eurem Stück.
Malt ein Bild.*

Modest Mussorgsky
(1839–1881)

Die einzelnen Bilder verband Mussorgsky mit einem immer wiederkehrenden Thema, der »Promenade« (Spaziergang). Er stellt dabei dar, wie er durch die Ausstellung geht.

Promenade

Thema

Wenn man den »Gnomus« öfter hört, entdeckt man, dass MUSSORGSKY das Stück sehr genau durchdacht hat. Es umfasst 13 Abschnitte, die beim Hören und beim Lesen des Notenbildes deutlich zu erkennen sind.
Jeder Abschnitt besitzt ein eigenes musikalisches Motiv. Diese Motive wiederholen sich zum Teil und wecken in uns bestimmte Vorstellungen von den Bewegungen des »Gnomus«.

Musikalische Abläufe können auch grafisch mit Linien, Punkten, Kreisen, Wellen usw. dargestellt werden. Die Zeichen sollen den Verlauf der Musik widerspiegeln. Beim Gnomus könnt ihr jeden Abschnitt grafisch aufzeichnen. Die einfachste Möglichkeit ist, das Notenbild nachzuzeichnen. Bei dem Stück »Gnomus« kann man so auch die Bewegungsgesten des Zwerges verdeutlichen.

»Bilder einer Ausstellung« reizte schon viele Musiker und Komponisten zu einer Bearbeitung. Aus den 70er Jahren stammen zwei erfolgreiche Bearbeitungen: eine Rock-Version der Pop-Gruppe EMERSON, LAKE & PALMER und eine Synthesizer-Bearbeitung des Japaners ISAO TOMITA.

Aufgaben H I/25
– Hört euch die erste Promenade und den »Gnomus« an.
– Sprecht über eure Höreindrücke.
– Vergleicht die Darstellung des »Gnomus« bei MUSSORGSKY mit euren musikalischen Versuchen.

Aufgaben
– Lest beim Hören des Stückes das Notenbild mit (S. 56–57). ⬤ H I/25
– Findet die einzelnen Klangabschnitte heraus.
– Welche charakteristischen Bewegungen lassen sich den Abschnitten zuordnen?

Aufgaben
– Fertigt zu jedem Abschnitt eine entsprechende grafische »Klangkarte« an.
– Ordnet die »Klangkarten« der Reihe nach und hört euch den »Gnomus« an. ⬤ H I/25
– Vertauscht die Reihenfolge der Klangkarten. Musiziert danach!

Eine Klangkarte zu Abschnitt 4 könnte so aussehen:

Aufgaben  H I/26–27
– Hört euch den Beginn beider Bearbeitungen des »Gnomus« entspannt an. Besorgt euch die vollständigen Fassungen.
– Lest beim Hören die Klavierfassung oder eure grafischen Notationen mit.

– Welche Bearbeitung zeigt größere Abweichungen vom Original?
– Wählt gemeinsam die Fassung aus, zu der ihr am leichtesten die Bewegungen des Zwerges darstellen könnt.

– Setzt gemeinsam (alle gleichzeitig und doch jeder für sich) das Bild des »Gnomus« in Bewegung um.
– Erstellt ein Video »Tanz der Erdgeister« oder wagt eine Aufführung am Schulfest oder …

Gnomus  H I/25

Modest Mussorgsky

Bekannt wurde der Klavierzyklus »Bilder einer Ausstellung« aber nicht durch moderne Bearbeitungen, sondern durch eine Orchesterfassung, die am 19. Oktober 1922 in der Pariser Oper uraufgeführt wurde. Der französische Komponist MAURICE RAVEL (1875–1937), der MUSSORGSKY sehr bewunderte, hatte den Auftrag angenommen, das Stück für Orchester zu instrumentieren.

»Bilder einer Ausstellung« gehört zu einem der reizvollsten Stücke der *Programmmusik.*
Außer den genannten Bearbeitungen gibt es noch weitere Fassungen: Für zwei und auch 44 Klaviere, für Bläser und für Orgel.

Aufgaben  H I/28

- *Achtet beim Hören darauf, ob RAVEL Veränderungen vornimmt.*
- *Was ist eurer Meinung nach der Grund für die Berühmtheit dieser Bearbeitung?*
- *»Komponiert« selbst: Sucht aus den verschiedenen Beispielen jeweils einzelne Klangabschnitte aus und überspielt sie auf Kassette. Ihr erhaltet eine »Collage«.*

Maurice Ravel
Porträtaufnahme um 1930

Auf der Partiturseite sind fast alle Instrumente angegeben, die RAVEL in seiner Orchesterfassung einsetzt. Man sieht deutlich, wie die einzelnen Stimmen bzw. Instrumente übersichtlich übereinander angeordnet sind.

Im Laufe der Jahrhunderte hat sich die Besetzung des Orchesters verändert. Waren erst die Streicher und ein Bassinstrument die Grundlage, so kamen später Blasinstrumente (Hörner, Klarinetten) hinzu. Auch die Entwicklung neuer Instrumente, wie z. B. das Saxophon, ergaben neue klangliche Möglichkeiten, ebenso wie die große Auswahl an Schlaginstrumenten. Entscheidend waren natürlich auch immer die Klangvorstellungen der Komponisten.

Wie viele andere Komponisten seiner Zeit hat auch RAVEL die klassische Orchesterbesetzung erweitert. In dieser Zeit spricht man vom romantischen Orchester.

HAWKES POCKET SCORES

M. P. MUSSORGSKY
TABLEAUX
D'UNE EXPOSITION
PICTURES FROM AN EXHIBITION
CUADROS DE UNA EXPOSICIÓN

Orchestrated by Orquestación por
MAURICE RAVEL

BOOSEY & HAWKES
LTD.
LONDON · PARIS · BONN · JOHANNESBURG · SYDNEY · TORONTO · BUENOS AIRES · NEW YORK

MADE IN ENGLAND   NET PRICE

Aufgaben

– *Im zweiten Klangabschnitt setzt* RAVEL *ein besonderes Instrument ein, die Celesta. Informiert euch über das Instrument.*

– *Überprüft, wie die Instrumente gruppenweise in der Partitur angeordnet sind (von oben nach unten).*

– *Um welche Instrumente hat* RAVEL *das Orchester vergrößert?*

– *Untersucht die »Sitzordnung« im klassischen Sinfonieorchester.*

Eine heute für uns geläufige Orchesterbesetzung, wie sie in den klassischen Sinfonien verlangt ist, zeigt die »Orchestergrafik«:

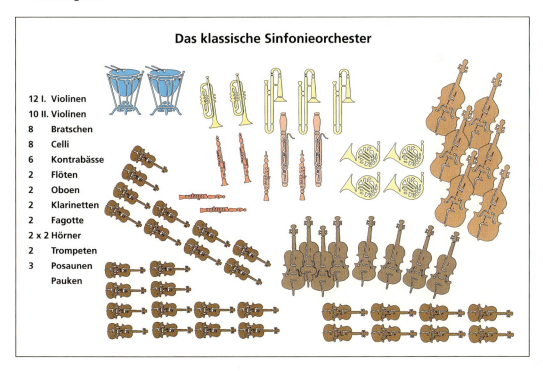

Das klassische Sinfonieorchester

12	I. Violinen
10	II. Violinen
8	Bratschen
8	Celli
6	Kontrabässe
2	Flöten
2	Oboen
2	Klarinetten
2	Fagotte
2 x 2	Hörner
2	Trompeten
3	Posaunen
	Pauken

»Jesus Christ Superstar« – eine Rockoper

Andrew Lloyd Webber

Tim Rice

Der Komponist, Pianist, Arrangeur und Theaterbesitzer ANDREW LLOYD WEBBER (geb. 22.3.1948 in London) und der Texter TIM RICE (geb. 10.11.1944) arbeiteten seit 1965 an gemeinsamen Werken. RICE war popmusikbesessen und strebte nach einem abgebrochenen Jurastudium eine Karriere als Sänger an. Der Jungkomponist WEBBER, der in Oxford Geschichte studierte, wollte keine Tagesschlager schreiben, sondern große Werke mit modernem Anstrich. Nach mehreren nur mäßig erfolgreichen Produktionen nahmen die beiden 1969 die Rockoper »Jesus Christ Superstar« in Angriff.

1970 wurde das Werk mit namhaften Rockstars aufgenommen. Das Doppelalbum kam im Oktober 1970 auf den Markt. Die ausgekoppelte Single mit dem Song der Maria Magdalena »I don't know how to love him« erreichte sofort Spitzenplätze in den »Charts« (Hitparade). Die Doppel-LP wurde binnen kurzer Zeit ein Millionenseller. Der Manager ROBERT STIGWOOD ermöglichte eine Bühnenfassung.

Die Broadway-Premiere im Oktober 1971 war ein sensationeller Erfolg, der sich im August 1972 in London wiederholte. Im selben Jahr begannen die Dreharbeiten für eine aufwendige Verfilmung in Israel. Die Rockoper »Jesus Christ Superstar« wurde zu einem Millionengeschäft und machte die beiden Autoren WEBBER und RICE wohlhabend.

Handlung und Szenen

1. Szene
Judas ist beunruhigt über Jesus' vermeintliche Selbstüberschätzung. Die Menschen vergöttern Jesus und Jesus lässt sich vergöttern; aber das Ziel, um dessentwillen sich Judas ihm angeschlossen hat, nämlich die Vertreibung der römischen Besatzungsmacht aus Judäa, scheint er vergessen zu haben. Judas wirft Jesus vor, er setze durch seine Eitelkeit die Bewegung aufs Spiel.

2. Szene (Bethanien, Freitagnacht)
Jesus ist gereizt und müde. Maria Magdalena versucht ihn zu beruhigen. Es kommt zu einem heftigen Wortwechsel zwischen Judas und Jesus, der dessen Kritik zurückweist.

3. Szene (Jesu Tod wird beschlossen)
Der Hohepriester Kaiphas und der Hohe Rat der Juden beschließen den Tod Jesu, des »Helden aller Narren in Gottes Gestalt«. Ihm wird vorgeworfen, er wiegle das Volk auf und untergrabe die Autorität des Hohen Rates.

2. Szene

3. Szene

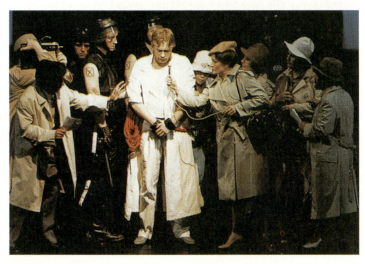

9. Szene

4. Szene (Hosanna) 🔵 H I/29

Das Volk jubelt *Jesus* zu. *Simon Zelotes,* ein fanatischer Jünger, versucht ihn zum Staatsstreich zu überreden. Wieder weigert sich *Jesus,* seine Person politisch auswerten zu lassen.

6. Szene

Geldverleiher und Kaufleute treiben im Tempel einen schwunghaften Handel. *Jesus* tobt, weil so das Haus Gottes entweiht wird.
Viele Menschen wollen von *Jesus* geheilt werden.
Sie bedrängen ihn. Er hält es nicht aus. *Maria Magdalena* beruhigt ihn.

7. Szene 🔵 H I/30

Maria Magdalena gesteht sich ihre Liebe zu *Jesus* ein.

8. Szene

Judas verrät den Pharisäern *Jesus'* Versteck.

9. Szene (Donnerstagnacht. Das letzte Abendmahl)

Die Apostel singen selbstzufrieden nach dem Essen, wie schön es ist, ein Apostel zu sein. Eines Tages würden sie berühmt sein. *Jesus* ist bedrückt. Es kommt zum Streit mit *Judas.*
Jesus jagt *Judas* davon.

10. Szene (Gethsemane) 🔵 H I/31

Statt mit *Jesus* zu wachen, sind die Jünger eingeschlafen.
Jesus kämpft gegen seine Todesangst und hadert mit Gott.
Schließlich ergibt er sich in sein Schicksal.
Er wird verhaftet und vor den römischen Richter *Pilatus* geführt.

11. Szene 🔵 H I/32

Pilatus erklärt sich für nicht zuständig, *Jesus* wird zu König *Herodes* weitergeschickt. Dieser versucht *Jesus* zu provozieren, seine Göttlichkeit zu beweisen (»Zeig, was du kannst, verwandle mein Wasser in Wein, geh über den Swimming-pool«). *Jesus* antwortet nicht; *Herodes* ist gekränkt und schickt ihn wieder zu *Pilatus.*

12. Szene (Judas' Tod)

Judas sieht, was er angerichtet hat. Die Priester haben kein Verständnis für seine Selbstbezichtigungen.
Judas ist verzweifelt, er bringt sich um.

13. Szene (Pilatus' Verhör) 🔵 H I/33

Pilatus	Judenkönig, hör zu, wo ist dein Reich?
Jesus	Mein Reich ist nicht von dieser Welt.
Pilatus	Der Mann ist harmlos!
Das Volk	Kreuzigt ihn!

10. Szene

13. Szene

14. Szene (Superstar)
Die Stimme *Judas'* stellt *Jesus* in Frage.

15. Szene (Kreuzigung) H I/34

Die Rockoper endet mit dem Titel
›John 19:41‹ (Johannes 19, Vers 41)
»Es war aber an der Stätte,
da er gekreuzigt ward, ein Garten
und im Garten ein neues Grab,
in welches niemand je gelegt war.«

Aufgaben
– *Verfolgt die Hörausschnitte aus »Jesus Christ Superstar«.*
– *Mit welchen musikalischen Mitteln gestaltet der Komponist* WEBBER *die Texte?*

Song der Maria Magdalena **I don't know how to love him** H I/30

G D   G   G^6   G   D/a A

fun – ny   I should be in this po – si – tion? I'm the
loved me   I'd be lost, I'd be fright – ened, I could' – n't

D/fis A   D A   fis^7   h^7

one who's al – ways been._____ So calm so cool,
cope, just could – n't cope._____ I'd turn my head,

fis^7   h^7   G D/fis e D A^9 A G D/fis e^7

no lov – er's fool run – ning ev – 'ry show, he scares me
I'd back a – way, I would – n't want to know, he scares me

1. D   **2.** D G D/fis e^7 D G D/fis e^7 D

so._____ so, I want him so, I love him so.

15. Szene

Musik damals – Musik heute

Die Gitarre   *A 5–6*

Die *Gitarre* ist heute das am häufigsten gespielte Instrument in Europa.
Ursprünglich kommt dieses Instrument aus dem Orient.
Seit dem 13. Jahrhundert eroberte die Gitarre von Spanien aus Europa.

Die Gitarre wird mit den Fingerspitzen *gezupft* oder *geschlagen.* Man kann die Gitarre auch mit einem Plättchen aus Kunststoff (Plektron) spielen.

Wirbelmechanik

Sattel

Griffbrett

Bünde

Resonanzkörper

Schalloch

Saiten

Steg

Saitenhalter

Aufgaben
– *Wie kann man die Tonhöhe auf der Gitarre verändern?*
– *Welchen Zweck haben die Bünde an der Gitarre? In welchem Tonabstand sind die Bünde angebracht? Probiert es aus.*
– *Wie kann man die Gitarre zum Klingen bringen? Nennt zwei Fachausdrücke.*

Ein sehr bekanntes Stück für Gitarre heißt »Romance, Jeux interdits« (Verbotene Spiele). Der Komponist ist unbekannt. 💿 **H I/35**

Aufgaben
– *Wie oft wird das Hauptthema gespielt?*
– *Schreibt die Form des Stückes in Buchstaben auf. Das Hauptthema bekommt den Buchstaben A, jedes weitere Thema einen neuen Buchstaben.*

Die Gitarre wird in sehr verschiedenartiger Musik gespielt. Es gibt für die einzelnen Musikrichtungen auch unterschiedliche Gitarrentypen, die sich in der Bauweise und im Material der Saiten unterscheiden.

Aufgaben  **H I/36–39**
– *Ordnet den Bildern die richtigen Gitarrentypen zu: ›Konzertgitarre‹, ›Jazzgitarre‹, ›Folk- oder Westerngitarre‹, ›Flamenco-Gitarre‹.*
– *Beschreibt die Unterschiede der einzelnen Gitarren.*
– *Versucht auch die verschiedenen Gitarrentypen hörend zu unterscheiden.*

Die Elektro-Gitarre

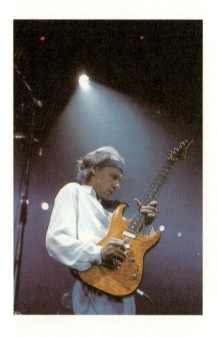

Die *E-Gitarre* gehört zu den elektro-akustischen Instrumenten. Die mechanischen Schwingungen der Saiten werden in elektrische Schwingungen umgewandelt. Die elektrischen Schwingungen werden über einen Verstärker dem Lautsprecher zugeführt, der sie in Klang verwandelt.
Durch verschiedene Einstellungen am Verstärker und durch Zusatzgeräte wird der Klang verändert. Jeder E-Gitarrist muss sich seine *Sounds* einstellen. 🔵 H I/40

Aufgaben
– *Beschreibt die Unterschiede zwischen einer ›E-Gitarre‹ und einer ›akustischen Gitarre‹.*
– *Welches Teil der akustischen Gitarre wird bei der E-Gitarre durch Verstärker und Lautsprecher ersetzt?*
– *Ordnet die folgenden Bezeichnungen einer E-Gitarre zu: ›Tonabnehmer (Pick Up)‹, ›Lautstärke- und Klangregler‹, ›Tremolohebel (Wimmerhaken)‹, ›Ausgangsbuchse‹.*
– *Mit welchem Teil werden die Saitenschwingungen in elektrische Schwingungen umgewandelt?*

Leicht zu verwechseln mit der E-Gitarre ist der *E-Bass.* Er hat meistens nur vier Saiten, die gestimmt werden wie beim Kontrabass. Gespielt wird der E-Bass ähnlich wie eine Gitarre. Die Basstöne werden selten zu Akkorden zusammengesetzt, sondern meist zu Melodien und rhythmischen Figuren.

Bei Live-Auftritten von Rock-Gruppen werden die Instrumenten-Verstärker noch einmal über eine *PA-Anlage*[1] verstärkt. Am *Mischpult* werden die Lautstärke im Raum und die Balance zwischen den einzelnen Instrumenten geregelt. Vom Mischpult aus werden auch Geräusche und Playbacks eingespielt.

[1] *PA- bzw. PA(S)-Anlage = Public Adress (System)*

Aufgaben

– *Warum ist bei einem Rock-Konzert die Lautstärke auf der Bühne sehr viel geringer als im Zuhörer-Raum?*

– *Überlegt, warum bei Rock-Konzerten die Lautstärke der Musik so hoch ist.*

– *Welche Gefahren sind mit einer solch hohen Lautstärke verbunden?*

Tasteninstrumente

Alle *Tasteninstrumente* haben eines gemeinsam: Der Ton
erklingt durch das Niederdrücken einer Taste. Doch das
ist beinahe die einzige Gemeinsamkeit. Wie der Ton innen
im Gehäuse des Instruments entsteht, kann der Zuhörer oder
Zuschauer meist nicht sehen.

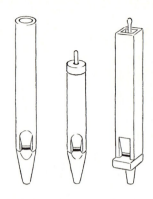

Die Orgel

Die ›Königin aller Musikinstrumente‹ wird sie zu Recht
genannt, denn an Klangpracht, Tonumfang und Farben-
reichtum übertrifft sie alle.
Sie ist das älteste aller Tasteninstrumente. Vom römischen
Kaiser *Nero* (etwa um das Jahr 60 n. Chr.) wird berichtet,
dass er sich an der Wasserorgel hören und bewundern ließ,
die er zu den Kämpfen der Gladiatoren in der Arena Roms
spielte. Damals wie heute ist ein Hauptmerkmal der Orgel
die große Zahl einzelner *Pfeifen,* die durch Luft angeblasen
werden.
Bei historischen Orgeln, z.B. aus der Barockzeit zu Lebzeiten
JOHANN SEBASTIAN BACHs (1685–1750), sind sie in einem
kunstreich gestalteten Gehäuse aufgereiht; dessen Schau-
seite nennt man den ›Orgelprospekt‹.

Die *Orgel* erzeugt ihre
Töne durch Pfeifen,
die mit einem Luftstrom
angeblasen werden.
Das *Klavier* (auch der
Flügel) bringt Saiten zum
Schwingen, die durch
Hämmer angeschlagen
werden. (Beim Cembalo
werden die Saiten
angerissen.)
*Elektronische Tasteninstru-
mente* haben weder Pfeifen
noch Saiten. Durch Tastendruck wird elektronisch ein
bestimmter Ton erzeugt,
der über Lautsprecher
hörbar gemacht wird.

Prospekt der Orgel
des ehemaligen Benediktiner-
klosters Ochsenhausen

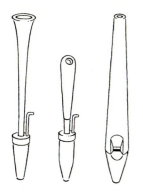

Verschiedene
Orgelpfeifen

Orgelspieltisch

Aufgabe 🔘 H I/41
*Hört euch ein Stück mit
drei Stimmen unterschiedlicher
Klangfarbe (Register) an.
JOHANN SEBASTIAN BACH,
einer der größten Orgelmeister
aller Zeiten, hat es komponiert.
Die Bassstimme im Pedal ist
eine Choralmelodie, die etwa
150 Jahre vor BACH zum
ersten Mal aufgeschrieben
wurde.*

Eine große Orgel besitzt 10 000 und mehr Pfeifen unterschiedlichster Arten mit Längen von 10 cm bis 10 Metern. Wie funktioniert eine Orgel?

Hier seien nur die wichtigsten Begriffe und ihre Bedeutung und Funktion erklärt. Die unterschiedliche Anblasart und Bauart einer Pfeife erzeugen verschiedene Klangfarben. Bei *Zungenpfeifen* bläst der *Luft*strom eine Metallzunge an (Modell Mundharmonika); bei einer *Lippenpfeife* wird der Luftstrom über eine scharfe Kante geleitet (Modell Schlüssel oder Blockflöte). Entscheidend für die Klangfarbe sind auch Bauart und Material: Es gibt im Querschnitt enge und weite, runde und quadratische, trichterförmige und konisch verlaufende Holz- und Metallpfeifen.

Auffallend an einer Orgel ist ihr *Spieltisch* mit ein bis vier *Manualen* (Tastenreihen) für die Hände (lateinisch: manus = Hand) und einer *Pedalreihe,* einer Tastenreihe für das Spiel mit den Füßen (lat.: pes = Fuß). Den einzelnen Manualen und der Pedalreihe sind bestimmte Pfeifensorten zugeordnet. So kann der Organist ein und dieselbe Melodie in völlig verschiedenen Klangfarben spielen.

Drückt der Spieler eine Taste nieder, so wird durch ein Ventil der Luft- oder *Windkanal* zu einer entsprechenden Pfeife geöffnet und der Ton erklingt in gleichbleibender Lautstärke, solange der Spieler die Taste drückt.

Als *Register* bezeichnet man eine Reihe von Pfeifen gleicher Bauart, für jeden Ton jedoch verschieden lang. Da gibt es z.B. Trompeten-, Flöten-, Oboen- oder Violinregister. Ist ein Register gezogen oder eingeschaltet, so kann man mit jeder Taste einer Tastenreihe (Manual oder Pedal) eine Pfeife zum Klingen bringen. Sind zwei Register gezogen, so erklingen mit *einer* Taste auch *zwei* Pfeifen gleichzeitig. Je größer das Instrument ist, desto vielfältiger sind die Klangeffekte durch Registerkombinationen. Der Organist kann auch drei verschiedene Register getrennt, aber gleichzeitig erklingen lassen, die sich klanglich voneinander abheben: Eine Stimme wird mit der rechten Hand auf dem oberen Manual, eine zweite mit der linken Hand auf dem unteren Manual und eine Bassstimme mit den Füßen auf dem Pedal gespielt.

Auf mei-nen lie-ben Gott trau ich in Angst und Not; der

kann all-zeit mich ret-ten aus Trüb-sal, Angst und Nö-ten, mein

Un-glück kann er wen-den, steht all' in sei-nen_ Hän-den.

Das nächste Beispiel des französischen Orgelmeisters CHARLES-MARIE WIDOR (1844–1937) vermittelt euch einen Eindruck von der Klangpracht und Virtuosität einer großen Orgel und ihres Spielers.

Aufgabe
Worin besteht die Wirkung des Orgelstücks?
🔵 H I/42

Das Klavier

Beim *Klavier* oder *Flügel* werden Saiten durch *Filzhämmerchen* angeschlagen, die mit einer komplizierten *Mechanik* auf Tastendruck reagieren. Im Gegensatz zur Orgel, bei der alle Pfeifen mit derselben Kraft angeblasen werden, kann der Klavierspieler die Lautstärke durch leichten oder kräftigen Anschlag leise oder laut gestalten; dies war erst durch eine Erfindung im 18. Jahrhundert möglich geworden. Seither nannte man das Instrument auch »Pianoforte« oder kurz »Piano« und den Spieler »Pianist«.

Der Pfeifenton einer Orgel erklingt bei niedergedrückter Taste gleichmäßig stark; der Saitenton eines Klaviers dagegen verklingt auch bei niedergedrückter Taste rasch. Lässt man die Taste los, so fällt ein Filzdämpfer auf die Saite und der Ton verstummt sofort. Durch ein *Pedal* kann der Spieler jedoch diese *Dämpfung* sperren: Die Saiten schwingen auch bei losgelassener Taste frei aus.

Einer der größten Klaviervirtuosen seit dem 19. Jahrhundert war FRANZ LISZT (1811–1886). Er schöpfte die Möglichkeiten des Flügels mit seinem verblüffenden Spiel und in seinen Kompositionen voll aus. Sein Vorbild für höchste Virtuosität war der italienische Teufelsgeiger NICCOLO PAGANINI. Deshalb wählte er zu einem seiner schwierigsten Werke ein Thema aus dessen Violinkonzert »La Campanella« (Das Glöckchen).

Franz Liszt, Karikatur

🔵 H II/1
Thema, Allegretto

(vereinfacht)

Elektronische Tasteninstrumente

Heute fasst man alle elektronischen Tasteninstrumente unter dem Begriff *Keyboard* (engl. = Tastatur) zusammen. Eine unübersehbare Flut von einfachen ›portable keyboards‹ (Tischinstrumente) bis zum perfekten ›sample-player‹ und *Synthesizer* ist auf dem Markt, je nach Können und Geldbeutel.

Hier eine Werbeannonce aus der Zeitschrift ›keyboards‹ (1990):

Was Sie von Mozart lernen können
»Warum lernen Sie Klavierspielen nicht mit einem, der sein Handwerk versteht? Mit Mozart zum Beispiel. Das ist mit dem Digital-Piano und unserer Disc Orchestra Collection gar kein Problem. Denn eine große Auswahl Musikstücke unterschiedlicher Stile ist digital[1] auf Diskette gespeichert. So lernen Sie mit Wolfgang Amadeus neue Stücke und verbessern Ihre Spieltechnik. Oder Sie lassen sich von einem erstklassigen Orchester der Welt schwungvoll begleiten. Alles, was Sie tun können müssen: eine Disc in das integrierte Laufwerk einschieben. Das ist nicht schwer.
Für weitere Informationen stehen wir Ihnen gerne zu Verfügung. Rufen Sie uns einfach an …«

Vielleicht ist an eurer Schule ein solches Instrument oder eine Mitschülerin oder ein Mitschüler besitzt eines und lässt euch darauf die unten stehende Melodie ausprobieren.

Doch es muss nicht ein solches Instrument für ein paar Tausender sein. Schon ein einfaches Keyboard für wenige hundert Mark mit Batteriebetrieb oder Netzanschluss macht Spaß, denn es ist recht vielseitig. Da hat man z.B. die Wahl zwischen zwölf Instrumenten – vom Piano bis zum Saxophon, von der Violine bis zur Gitarre mit Vibrato und Echo-Effekt, ebenso zwölffache Rhythmen-Vorwahl. Schon mit einem Finger kann man eingespeicherte vollklingende Akkorde spielen.

Aufgabe
Wenn es gut klappt, könnt ihr als Begleitung die vorgeschlagenen Bassakkorde und Schlagzeug dazu programmieren und so eine ganze ›Band‹ erklingen lassen.

[1] *digital = Ziffer, Datenerfassung durch einen Zahlencode*

Melodie: Thomas Hen, Klaus Jäger, Timothy Touchton

Go get the cup

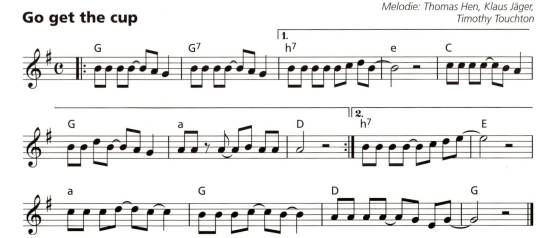

Musik an Fürstenhöfen um 1700

Der Sonnenkönig *Ludwig XIV.* (1661–1715) war einer der
prachtliebendsten Fürsten Europas. Er ließ sich in einer
sumpfigen Gegend 20 km südwestlich der Hauptstadt Paris
innerhalb von 20 Jahren das größte Schloss der Welt bauen
und benannte es nach dem nahegelegenen Dörfchen
Versailles. Mit seinen 1000 Sälen und Gemächern, seinem
goldenen Prunk, den berühmten Parkanlagen und Wasser-
spielen stellte es alles Bisherige in den Schatten.
Auch die Musik durfte dabei nicht fehlen. Kein Wunder,
dass Könige und Fürsten anderer europäischer Länder ihm
ehrgeizig nacheiferten.

Ludwig XIV.

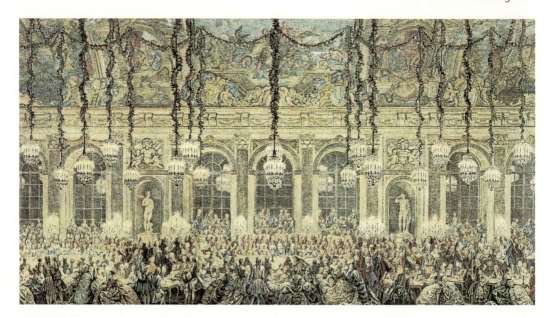

Maskenball in Versailles im Jahr 1745

GRAF ERDMANN VON PROMNITZ, der ein kleines Schloss im
Städtchen Sorau in der Niederlausitz besaß, war gerade von
einer Reise nach Versailles zurückgekehrt, wo ihn neben den
Gärten vor allem die französische Musik beeindruckt hatte.
Er berief im Jahr 1704 den erst 23-jährigen Kapellmeister
GEORG PHILIPP TELEMANN (1681–1767) an seinen Hof, denn
er hatte erfahren, dieser begabte und fortschrittliche
Musiker sei besonders geschickt im Komponieren aller
musikalischen Stilrichtungen, besonders aber im ›franzö-
sischen Gusto‹ (Geschmack), den er selbst so schätzte.
TELEMANN schreibt von sich, er habe in Sorau innerhalb
der nächsten zwei Jahre etwa 200 Festmusiken komponiert.
Dabei war er zuweilen recht witzig.
Einem Satz aus einer solchen Festmusik gab er die Überschrift »Die konzertierenden Frösche und Krähen«.

Georg Philipp Telemann

Ansicht der Schlossanlage von Versailles

Aufgaben
– *Welche Instrumenten-
  gruppen kann man hören?*
– *Wie werden die Frösche
  und wie die Krähen
  musikalisch dargestellt?*

Die konzertierenden Frösche und Krähen   H II/2   *Georg Philipp Telemann*

Musik 2000 – »Techno«

Computer, Sequenzer und Synthesizer sind Instrumente für
eine Musik, die viele Jugendliche heute als ihre Musik
bezeichnen. Mit Hilfe dieser elektronischen Geräte werden
Musikbausteine erzeugt und gespeichert, so dass sie jeder-
zeit wieder abrufbereit sind. Durch die Zusammenstellung
der verschiedenen Bausteine entsteht eine Soundmontage.
Techno-Musik zeichnet sich durch einen einfachen Bass,
einen Beat (Schlag) auf jedem Viertel und immer wieder-
kehrende Motive aus. In dem Stück »Children« von ROBERT
MILES sind die verschiedenen Bausteine gut erkennbar.
🔵 H II/3

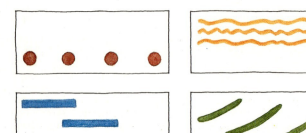

Vielfach ist der Viertelschlag schneller als bei unserem
Beispiel. Je schneller das Tempo, desto aufpeitschender
ist die Wirkung.

Techno-Musik wurde erstmals 1981 in New York und Chicago
gespielt, aber bereits 1983 entwickelten sich in Deutschland
die »germanbeats«. Seither gelten Frankfurt und Berlin als
Techno-Zentren in Europa.

Techno ist Party-Musik. Die Party wird auch *Event* (Ereignis)
oder *Rave* (Tanzfete) genannt. Sie findet in Diskotheken,
leeren Fabrikhallen oder auch im Freien statt. Ein großes
Techno-Ereignis sind die Street Parades in Berlin, Zürich,
München und anderen Großstädten. Hunderttausend
Jugendliche folgen Sattelschleppern mit riesigen Sound-
anlagen durch die Stadt.
Inzwischen wird von einer Techno-Kultur gesprochen; zu
ihr gehören Mode, Zeitschriften, Getränke usw.

Aufgaben

– *Hört das Musikbeispiel an
und ordnet den abgebil-
deten Grafiken vier Klangbausteine zu.*
– *Welcher Baustein entspricht
dem Schlagzeug?*
– *Welcher ähnelt einer
Gitarrenmelodie, welcher
dem E-Bass?*
– *Bei welchem erkennt man
besonders deutlich die
synthetische Klang-
erzeugung?*
– *Ordnet die Klangbausteine
nach der Reihenfolge ihres
Einsatzes!*

Aufgaben

– *Beschreibt die
Techno-Mode.*
– *Was ist typisch für
Techno-Plattencover?*
– *Welche Farben werden
verwendet?*
– *Welches Material wird für
die Kleidungsstücke
bevorzugt?*

Tausende von Zuschauern verfolgten dicht gedrängt auf der Quaibrücke die Street Parade, an der ausgeflippte Ravers aus ganz Europa zu Techno-Musik tanzten.

Aufgaben
– *In dem Zeitungsartikel wird die Street Parade »Tanz-demonstration« genannt. Was soll demonstriert werden?*
– *Hört einen anderen Ausschnitt aus »Children«!*
  🌐 *H II/4*
  Dieser Teil des Stückes trägt den Titel »Message«. Könnt ihr eine Erklärung für den Titel finden?

Tanzdemonstration für Friede, Liebe und Toleranz
Über 30 000 Ravers an der 3. Zürcher Street Parade

pi. Was in den 50er Jahren Rock'n'roll, in den 60ern der Beat, in den 70ern Punk, in den 80ern New Wave war, sind in den 90er Jahren Techno und House. Die 3. Zürcher Street Parade hat am Samstag nachmittag die Botschaft der Zehntausende von Jugendlichen veranschaulicht, die zu hämmernder und dröhnender, teils abstrakter Musik ekstatisch getanzt und gezuckt haben. Die Techno-Anhänger glauben nicht, dass sie die bestehende Welt verändern können, und bauen deshalb eine

eigene Welt auf mit ihrer Kultur und eigenen Werten: eine Gesellschaft ohne Grenzen, Diskriminierungen, Tabus, Gewalt und Hass, eine bunte Einheit der Liebe.

Um 15 Uhr 45 begann die lange ersehnte Street Parade. Aus der »Mega-Flashlight-Turbo-Sound-Anlage« des ersten Sattelschleppers ertönten ohrenbetäubende Bassschläge. Die Party startete, die Ravers jubelten. Die in Taucheranzüge, Pelzjacken, ausgediente Trainer, Astronautenanzüge, Reizunterwäsche, Sportdresses,

in exotische und jede Konvention sprengende Garderoben gekleideten Jugendlichen und Junggebliebenen zeigten eine eindrückliche Show. Die breiten Quais um das untere Seebecken verwandelten sich in eine kilometerlange pulsierende Tanzfläche. Auf den mit Boxen beladenen 13 Wagen, den sogenannten »Lovemobiles«, auf dem Asphalt, auf Straßenampeln, Dächern, Mauern wurde getanzt, gelacht, gefestet!

Neue Zürcher Zeitung Nr. 188 vom 15.8.94

Verantwortungsbewusste Erwachsene beobachten die Techno-Bewegung kritisch. Ärzte warnen vor der Lautstärke der Musik, die zu Hörschäden führt. Ein großes Problem ist die Droge Ecstasy, die manche Raver einnehmen.

Aufgaben
– *Berichtet, was ihr über Techno-Partys wisst!*

– *Bringt eigene passende Musik mit und sprecht über die Wirkung dieser Musik auf euch!*

– *Der »Munich Union Move« 96 stand unter dem Motto: »Music is the only drug!« Diskutiert darüber!*

Musik wird Gestalt

Form und Bewegung

Hey Ho! Nobody home

old english round

Hey   ho!   No - bo - dy home,

meat nor drink nor   mon-ey have I none,

yet   I will   be hap – – (py) - py.

Dieser englische Kanon ist sehr verbreitet und einfach zu musizieren. Beim Hören des Liedes sind deutlich Unterteilungen zu bemerken. Auch beim Betrachten des Notenbildes sind die einzelnen Abschnitte zu erkennen.

Der Tanz kann folgendermaßen aussehen:
1. Teil: gehen, Hände gefasst
2. Teil: am Platz um sich selbst drehen
3. Teil: zur Kreismitte und zurück gehen, Hände gefasst und Arme zur Mitte gestreckt

Aufgaben
– *Summt oder pfeift das Lied. Wie viele Teile hört ihr? Woran erkennt ihr die einzelnen Teile im Notenbild?*
– *Singt oder musiziert die Teile einzeln. Beschreibt die Unterschiede!*
– *Versucht nun, in drei Gruppen zu jedem Teil eine Tanzbewegung zu erfinden. Es soll ein Kreistanz sein. Schließlich werden die Tanzschritte passend zum Lied von allen im großen Kreis getanzt.*

Aufgaben
– *Wenn ihr zwei oder drei Kreise bilden könnt und ebenso viele Spieler habt, wird es ein richtiger Kanontanz. Zu jeder Gruppe gehört ein Spieler. Die Gruppen beginnen nacheinander nach Ablauf eines Teiles. Jede Gruppe spielt und tanzt das Stück dreimal; der Tanz endet dann nacheinander auf der Fermate des dritten Teiles.*

Das Menuett: Schreittanz und Paartanz

1653 tanzte Ludwig XIV. (der »Sonnenkönig«) auf seinem Schloss in Versailles anlässlich eines Hofballs zum ersten Mal das *Menuett* vor.
Es war ein Paartanz mit festgelegter Schrittfolge und Bewegungen des ganzen Körpers. Besonders die Armbewegungen unterstrichen die Schritte. So wurde dieser Tanz zu einem kleinen Kunstwerk.

Das Menuett verbreitete sich schnell und wurde in kürzester Zeit auf fast allen Hoffesten in Europa getanzt. Ungefähr 200 Jahre beherrschte es die Bälle und wurde erst gegen 1835 vom Walzer abgelöst. Die Angehörigen der Hofgesellschaft brauchten zum Erlernen des Menuetts einen *Tanzmeister.* Man rechnete mit einem halben Jahr Unterricht, bis man das Menuett mittanzen konnte. Es wurde in der Kolonne oder auch als Einzelvorführung getanzt.

Der Tanzmeister LOUIS BONIN beschreibt 1712 das Menuett folgendermaßen:

Der erste Schritt mit dem rechten Fuß darf nicht zu groß sein, dabei werden die Knie gebeugt. Bei gebeugten Knien gleitet der linke am rechten Fuß vorbei. Beide Knie werden gestreckt und zwei ›steife‹ Schritte folgen.

»Wenn ich dann ein Menuet Pas mache, mus ich in der ersten Coupé die Arme vornen fallen lassen, in Continuirung der anderen halben Coupé, und zweyen steiffen Schritten aber wieder zurück werfen. Die Hände soll ich dabey so halten, daß die Finger nicht ausgestreckt sind ...«

Aufgaben

– *Was ist mit Coupé gemeint? Vergleicht auch die nächste Seite!*
– *Übersetzt das Zitat in die heutige Sprache!*
– LOUIS BONIN *gab seinem Buch den Titel:* »Die Neueste Art zur Galanten und Theatralischen Tantz-Kunst«.
– *Sucht treffende andere Wörter für* ›galant‹ *und* ›theatralisch‹!

Der Menuet Pas – der Tanzschritt

Das Menuett steht im 3/4-Takt. Am Notenbeispiel des Komponisten BOISMORTIER, eines Musikers am Hof von Versailles, kann die Schrittfolge gut dargestellt werden. H II/5

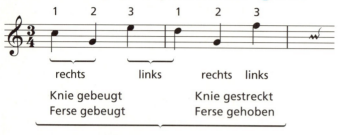

Ein Menuet Pas besteht also aus zwei 3/4-Takten.

Das Menuett wurde auf einer Z-Linie getanzt. Bei dem Hörbeispiel werden die Schritte dann folgendermaßen auf dieser Z-Linie verteilt:

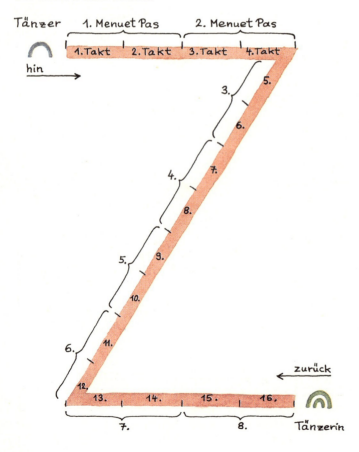

Die Linie wird hin und zurück getanzt. Das ergibt 32 Takte.

Aufgabe
Versucht nach der Musik den Menuettschritt frei im Raum zu tanzen.

Aufgaben
- *Versucht das Menuett auf der gedachten Z-Linie zu tanzen. Wenn euch das gelungen ist, sucht euch einen Partner, der gegengleich mit euch auf der Z-Linie von hinten zu tanzen beginnt. Am Ende des Stückes muss jeder von euch an seiner Ausgangsposition stehen.*

- *Nun versucht den Richtungswechsel auf der Z-Linie im Notenbild wiederzufinden. Verfolgt Ton für Ton! Wann befindet ihr euch auf der Z-Ecke, wann befindet ihr euch direkt auf der Mitte der Diagonalen?*
Wann müsst ihr den Rückweg antreten?

Wenn ihr den Menuettschritt auf der Z-Linie unterbringen könnt, dann wiederholt den ganzen Tanz und achtet dabei auf das Beugen und Heben der Beine und die schmückenden Armbewegungen.
Wie ihr wisst, wurde für das Erlernen des Menuetts ein halbes Jahr eingeplant!

Menuett  H II/5

Joseph Bodin du Boismortier (1691–1755)

Musik als Bild

Das nebenstehende Bild zeigt eine Plastik aus Edelstahl, so groß wie ein Einfamilienhaus. Was man wohl kaum auf den ersten Blick vermuten würde: Die Plastik ist ein Abbild von Musik. Dargestellt sind vier Takte aus einer bekannten Fuge von JOHANN SEBASTIAN BACH. Nach der Aussage des Künstlers HEINRICH NEUGEBOREN (1901–1959) ist das Werk entstanden »aus dem Wunsch, den zeitlichen und räumlichen Verlauf der Musik nicht nur zu hören, sondern auch zu sehen, und deutlicher zu sehen, als dies durch die übliche Notenschrift [...] ermöglicht wird.«

Betrachten wir das Bild genauer:
Jeder der drei hintereinander aufgestellten Teile entspricht einer Musikstimme. Auf die Fläche projiziert sehen die Stimmen in ihrem Höhenverlauf so aus:

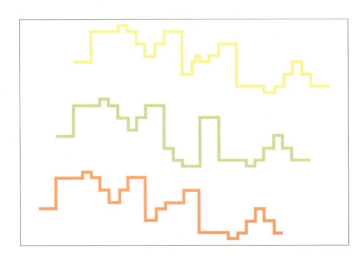

Aufgaben
– Hört die drei Stimmen einzeln. Verfolgt sie im »Notenbild« anhand des Höhenverlaufs.
 H II/6–8
– Welche Teile sind gleich? Wie unterscheiden sich die Stimmen?
– Wie werden die unterschiedlichen Notenwerte dargestellt?
– Wie könnte man die Pausenwerte darstellen?

Aufgaben
– Wo ist der höchste Ton zu finden, wo der tiefste?
– Wo liegen Töne eng beisammen, wo macht die Melodie größere Sprünge?

Die unterschiedlichen Höhen ergeben sich aus der Entfernung jedes Tones von einem für alle Stimmen gleichen Grundton.

Räumliche Darstellungen leben von ihrer Tiefenwirkung. Deswegen hat der Künstler auch die Abstände von vorne nach hinten unterschiedlich gestaltet. Sie zeigen die Entfernung der Töne voneinander.

An diesem »Bach-Monument« wird eine gerade für JOHANN SEBASTIAN BACH bedeutsame musikalische Form besonders schön sichtbar: die *Fuge*. Bei einer Fuge wird ein musikalisches Thema von einer Stimme vorgestellt und – ähnlich wie beim Kanon – von anderen wiederholt und verändert.
Bach gilt als Meister der Fuge. Er hat bis zu vier verschiedene Themen in einem einzigen Musikstück verarbeitet, hat dabei die Notenwerte halbiert und verdoppelt, sie gleichzeitig von hinten nach vorne spielen lassen oder die Noten einfach von oben nach unten umgedreht.

Die folgenden Noten sind ein Ausschnitt aus einem Menuett von JOHANN SEBASTIAN BACH:

Aufgaben
– Sucht im Bild besonders große und besonders geringe Abstände zwischen den einzelnen Stimmen.
– Vergleicht noch einmal die drei Melodieverläufe. Überwiegen die Unterschiede oder die Gemeinsamkeiten? In welcher Reihenfolge setzen die Stimmen ein?
– Hört nun den Musikausschnitt im Zusammenklang. H II/9
Erkennt ihr die einzelnen Stimmen? Obwohl sie fast identisch sind, aber nicht gleichzeitig einsetzen, klingen sie immer noch schön zusammen: die hohe Kunst des Komponierens!

Menuett G-Dur H II/10–11   *Johann Sebastian Bach*

(geringfügig verändert)

Hier könnt ihr selbst künstlerisch tätig werden. *A 7*

Aufgaben
– Hört euch die beiden Klavierstimmen einzeln und in Abschnitten genau an.
– Legt den Tonhöhenverlauf auf einem karierten Blatt Papier fest. Achtet auf die unterschiedlichen Notenwerte. Denkt auch an die Pausen in der Bassstimme.
– Gestaltet nun euer Werk ganz unterschiedlich, z.B. mit Wasserfarbe, mit einer diagrafischen Darstellung auf dem Computer, mit verschiedenfarbigen Kleiderstoffen, mit Holz (Streichhölzer für die Miniaturausgabe, Zaunpfähle für die Grobform), mit Gasbeton-Steinen, mit euch selbst …
Sicher fallen euch noch viele andere Darstellungsformen ein.

Aufgaben
– Stellt alle Werke zu einer Ausstellung zusammen.
– Überprüft, ob trotz der unterschiedlich gestalteten Arbeiten immer noch das Menuett von BACH als Grundform und musikalisches Abbild gut zu erkennen ist.

Formen in der Musik

Rondo – jetzt geht's rund

Um das Jahr 1770 wurde von einem Komponisten ein sehr virtuoses Konzert für Solotrompete, zwei Oboen, zwei Hörner, Streicher und Basso continuo geschrieben. Der genaue Name des Komponisten (vermutlich Luigi Otto) und das Entstehungsjahr des Werkes sind nicht bekannt. Den 3. Satz des Konzertes hat der Verfasser als *Rondo* gestaltet. Das war eine damals sehr beliebte musikalische Form, die ihren Ursprung in alten *Rundgesängen* bzw. *Rundtänzen* hat.

Ludwig Güttler

Thema des 3. Satzes

Aufgaben
– Fertigt farbige Kärtchen an und beschriftet sie mit den beteiligten Instrumenten bzw. Instrumentengruppen.
– Hört den 3. Satz des Trompetenkonzertes und zeigt als »Klassenorchester« an, wenn ihr ›im Einsatz‹ seid. 🌐 H II/12

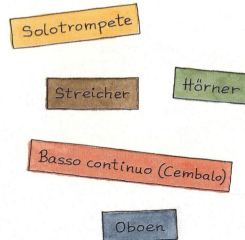

Kammerorchester (Neues Bachisches Collegium Musicum Leipzig)

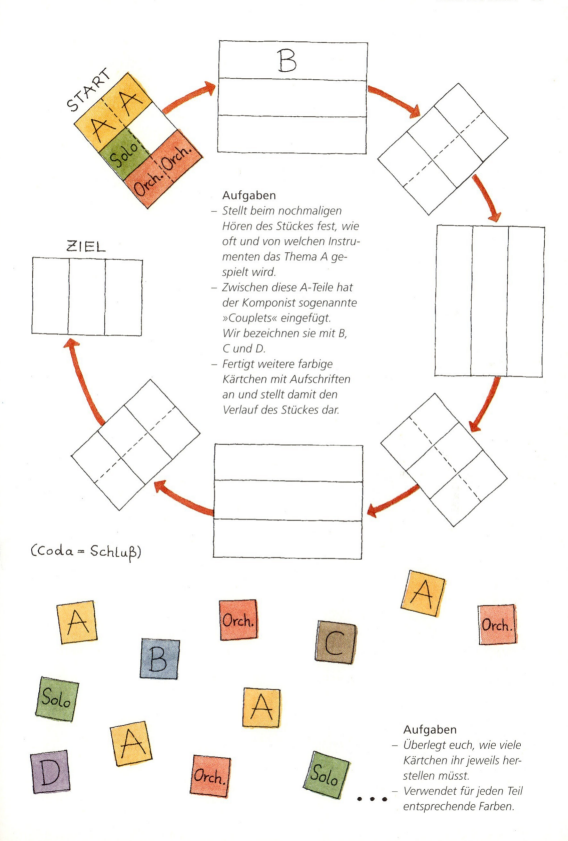

START

A A
Solo
Orch. Orch.

B

ZIEL

Aufgaben
– *Stellt beim nochmaligen Hören des Stückes fest, wie oft und von welchen Instrumenten das Thema A gespielt wird.*
– *Zwischen diese A-Teile hat der Komponist sogenannte »Couplets« eingefügt. Wir bezeichnen sie mit B, C und D.*
– *Fertigt weitere farbige Kärtchen mit Aufschriften an und stellt damit den Verlauf des Stückes dar.*

(Coda = Schluß)

A Orch. C A Orch.

B Solo A D Orch. Solo

Aufgaben
– *Überlegt euch, wie viele Kärtchen ihr jeweils herstellen müsst.*
– *Verwendet für jeden Teil entsprechende Farben.*

Rondo – selbstgemacht

Das Rondo kann mit beliebigen Melodieinstrumenten, Sing-
stimme und verschiedenen Begleitinstrumenten (z.B. Orff-
Instrumenten) ausgeführt werden.

Aufgabe
– *Vergleicht die Melodie
  (Thema A) mit dem Thema
  des 3. Satzes des Trompeten-
  konzertes von* LUIGI OTTO.
  *Könnt ihr eine gewisse
  Ähnlichkeit feststellen?*

Thema Ⓐ

Aufgaben
– *Übt zunächst die Melodie
  (Thema A) auf Klangsilben
  (z.B. dü). Spielt die Melodie
  auch mit den euch zur
  Verfügung stehenden
  Instrumenten.*

– *Die harmonische Begleitung
  kann mit Stabspielen
  (z.B. Metallophon) ausgeführt werden.*
– *Die Basstöne sind mit
  Buchstaben angegeben.*

– *Für die rhythmische Begleitung könnt ihr Hand-
  trommeln und andere
  dafür geeignete Rhythmus-
  instrumente verwenden.*

In den Teilen B und C unseres Rondos werden veränderte
harmonische und rhythmische Bausteine gespielt:

Vorschlag für den Ablauf des Rondos: (A) (B) (A) (C) (A)

Die einzelnen Instrumente können jeweils von anderen
Instrumenten oder Instrumentengruppen wiederholt
werden.

Aufgaben

– *Erfindet eigene Melodien*
  für die Teile B und C.

– *Erweitert das Rondo mit*
  zusätzlichen Teilen D, E usw.

– *Erfindet einen Text zur*
  Melodie (Thema) A,
  z.B. »Heute machen
  wir Musik …«.

Variationen – Musik wird verändert *A 8*

FRANZ SCHUBERT (1797–1828) schrieb in seinem kurzen
Leben mehr als 600 Lieder. Obwohl er ein genialer Kom-
ponist war, litt er als freischaffender Künstler große Not.
Eines seiner bekanntesten Lieder ist »Die Forelle«.
Er komponierte dieses Lied, dessen Text von CHRISTIAN
FRIEDRICH DANIEL SCHUBART stammt, im Jahre 1817.
Zwei Jahre später bestellte ein wohlhabender Amateur-
Cellist bei SCHUBERT ein Werk für einen Hausmusikabend.
SCHUBERT schrieb ein Stück für Geige, Bratsche, Cello,
Kontrabass und Klavier. Im 4. Satz verwendete er die
Melodie aus seinem Lied »Die Forelle«, das ein Lieblingslied
seines Auftraggebers war. Die Melodie, die im Verlauf des
Satzes immer wieder verändert (variiert) wird, gab der
Komposition den Namen »Forellenquintett«.

Franz Schubert
Gemälde von Wilhelm August
Rieder

»Forellenquintett« 4. Satz (Thema mit Variationen) H II/13 *Franz Schubert*

Aufgaben
– Informiert euch über Leben
  und Werk des Komponisten
  FRANZ SCHUBERT.
  Berichtet in eurer Klasse.
– Erkundigt euch über
  Bau und Funktion der
  vier Streichinstrumente.

NB 1

NB 2

NB 3

NB 4

NB 5

NB 6

Das Thema

Aufgaben   H II/13

- *Hört zunächst das Thema des 4. Satzes. Prägt euch die Melodie gut ein.*
- *Welches Instrument spielt die Melodie?*
- *Welche Instrumente übernehmen die Begleitung?*

Die Variationen
H II/14–19   *A 8*

Aufgaben

- *Hört Ausschnitte aus den Variationen 1 bis 6.*
- *Welche Instrumente spielen jeweils das Thema?*
- *Ordnet die Notenbeispiele den Hörbeispielen zu.*
- *Vergleicht die Notenwerte in den Melodiestimmen.*
- *Beschreibt den Charakter der Musik (z.B. fröhlich – traurig, ruhig – lebhaft, energisch – kraftlos).*
- *Ändert sich das Tongeschlecht (Dur/Moll)?*
- *Stellt ihr Veränderungen im Tempo fest?*
- *Vergleicht die Lautstärke der einzelnen Instrumente in den verschiedenen Variationen.*

Aufgabe

- *Versucht, eine Melodie, die ihr kennt, selbst zu verändern. Ihr könnt dabei z. B. den Rhythmus, die Taktart, die Klangfarbe (Instrumentation) oder das Tongeschlecht variieren oder die Melodietöne umspielen.*

Vorschlag für eine Melodie:

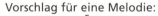

1. Im Früh – tau zu Ber – ge wir zieh'n, fal – le – ra,

es grü – nen die Wäl – der, die Höh'n, fal – le – ra!

Form und ihre Elemente

Der norwegische Komponist EDVARD GRIEG (1843–1907)
hat zu einzelnen Szenen des Theaterstücks »Peer Gynt«
seines Landsmannes HENRIK IBSEN die Musik geschrieben.
Die Musik zu einer der Szenen trägt die Überschrift
»Åses Tod«. Sie schildert, wie die Mutter von Peer Gynt
auf dem Sterbebett liegt. Peer, ein Prahler, Außenseiter und
Bürgerschreck, erzählt der Mutter in schillernden Farben
von seinen großen Plänen und Ideen. Ein letztes Mal bäumt
sich die Mutter auf und sinkt dann sterbend zurück.

Einfache Motive sind Bausteine des gesamten Stücks.
🔵 H II/20

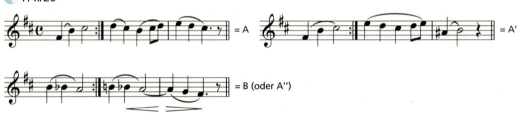

Die Popgruppe BEE GEES hat sich zu ihrem Stück
»Spicks and Specks« ein Thema ausgewählt, das schon
dreihundert Jahre alt ist. Es wurde von JOHANN PACHELBEL
(1653–1706) als Bassthema zu einem dreistimmigen
Instrumentalkanon erfunden. 🔵 H II/21

In »Spicks and Specks« wird das Originalthema eine Quarte
höher und jede Note viermal gespielt; der Schluss wird leicht
abgeändert. 🔵 H II/22

Nach dem zweitaktigen Vorspiel des Klaviers hört man das
Thema zehnmal, aber fast in jeder Strophe wird etwas
verändert. Die letzte Strophe, die ausgeblendet wird, verlässt
das Bassthema.

Aufgaben
– Wie unterscheiden sich die
  Bausteine A und A'; was ist
  ihnen gemeinsam?
– Welchen Gegensatz bildet
  Baustein B zu Baustein A
  oder A'?
– Stellt die Form des gesamten Stücks mit Hilfe des
  Arbeitsblatts (A 9) fest. Die
  Bausteine werden lückenlos
  aneinander gereiht und
  gleichzeitig in ihrer Tonhöhe
  nach oben oder unten
  verschoben.

Aufgaben
– Singt und spielt die Töne
  des Themas zuerst in der
  Originalfassung von
  PACHELBEL, dann in der
  Bearbeitung der BEE GEES.
– Wie verändert sich die
  Besetzung in den einzelnen
  Strophen (A 10)?
– Welche Strophen verändern
  die Anfangstonart nach
  oben? Welche Besonderheit
  weist die 7. Strophe auf?
– Versucht das Thema der
  ersten vier Strophen zum
  Hörbeispiel zu singen oder
  zu spielen.
– Versucht das Kanonthema
  im Titel »Go West« der PET
  SHOP BOYS zu erkennen.
  🔵 H II/23

Der englische Komponist PETER WARLOCK (1894–1930) verwendet eine alte Tanzmelodie und verändert sie. 🔵 H II/24

Aufgaben
– Schreibt die Reihenfolge der A- und B-Melodie auf (*A 11*).
– Bildet zwei Gruppen, eine für die A-Melodie, eine für die B-Melodie.
Erklingt die A-Melodie, dann bewegen sich alle Personen der A-Gruppe zur Musik. Die B-Gruppe ist solange bewegungslos, wie ›vereist‹. Erklingt die B-Melodie, so werden die Rollen vertauscht.

Tourdion

Zu einem anderen Stück wählt der Komponist PETER WARLOCK eine Harlekin-Melodie; er nennt es »Mattachins« (mattacino = verrückt). 🔵 H II/25

Vorspiel

Mattachins

Aufgaben
– Probiert »Mattachins« mit Instrumenten zu spielen. Jede(r) von euch greift einen beliebigen Takt aus dem Vorspiel oder der Melodie heraus und wiederholt ihn 16-mal hintereinander auf einem Melodieinstrument oder sie/er spielt nur den Rhythmus des gewählten Taktes auf dem Melodieinstrument.
– Spielt einmal Harlekins oder Clowns. Schneidet lustige Fratzen oder versucht, das Durcheinander mit Mimik und Handbewegungen darzustellen.
– Bildet zwei Gruppen und spielt euch gegenseitig eure stummen Clowngebärden vor.

Im zweiten Teil gerät alles aus den Fugen. Der Harlekin schneidet übermütige und spaßige Fratzen.

Kaisertempel Süd-Vietnam

Die untenstehende Melodie stammt aus Süd-Vietnam.
Sie erklang, wenn der Kaiser den Vorhof zum Tempel hinauf-
ging. Die Hofmusiker kannten sie auswendig und
improvisierten darüber.

Die Melodie hat den
Tonvorrat:

Die Klangstäbe oder -platten dieser Töne könnt ihr in eure
Stabspiele legen und mit verschiedenen Rhythmusbausteinen
improvisieren, z.B.:

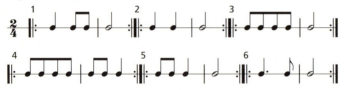

Aufgabe
– Nehmt zuerst nur zwei
Klangstäbe, dann drei und
erweitert so allmählich
euren Tonvorrat, bis ihr auf
allen Klangstäben improvisieren könnt.

Dazu könnt ihr nach Belieben Schlagwerk hinzunehmen:

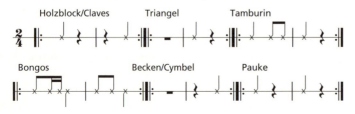

Aufgabe
– Versucht die Tempelmelodie
aus Süd-Vietnam zu spielen,
wie sie notiert ist.
Sie kann auch im Kanon
gespielt werden.

Mit Dreiklängen begleiten

(vgl. S. 37)

Schlagarten für Stabspiele

Spieler 1 (2 Schlägel)   Spieler 2 (2 Schlägel)

Spieler 3 (2 Schlägel)   Spieler 4 (2 Schlägel)

Dazu ad lib. Begleitrhythmen mit Schlagwerk

Vorspiel

Liedeinsatz

Da capo al %

Klatschen

Die meisten Lieder lassen sich mit den Hauptdreiklängen einer Tonart auf Gitarre, Keyboard, Klavier oder Stabspielen begleiten. Ein Großbuchstabe über der Melodie bedeutet: Man spielt als Begleitakkord den Dur-Dreiklang, der auf diesem Ton (im Terzabstand) geschichtet liegt (siehe auch Seite 95). Die Schlagarten für Stabspiele geben eine Möglichkeit an, die Begleitung lebendiger zu gestalten.

Aufgabe *A 12*

– *Begleitet das oben stehende Lied »Oh, when the Saints« mit den angegebenen Hauptdreiklängen. Ihr könnt die starren Dreiklänge in rhythmische Bewegung auflösen.*

In the Mood   H II/26

Melodie: Joe Garland

Aufgaben

– *Hört euch das Stück »In the Mood« an (Originalversion des GLENN MILLER ORCHESTRA).*
– *Musiziert die Jazzmelodie auf dem Keyboard, der Blockflöte oder singt sie auf der Klangsilbe ›du‹ in vier Gruppen.*

Das Glenn Miller Orchestra

Auch auf Schlaginstrumenten könnt ihr dazu begleiten, z.B.

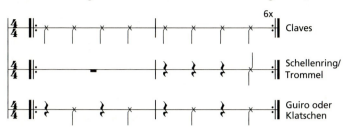

Diese Melodie kann man auch mit Dreiklängen begleiten.
Sie sind in einer Art Kurzschrift über den Noten angegeben.

C = C-Dur-Dreiklang

Den Dreiklang über der I. Stufe einer Tonleiter nennt man
Tonika, den Dreiklang über der IV. Stufe einer Tonleiter
nennt man Subdominante, den Dreiklang über der V. Stufe
einer Tonleiter Dominante.
Eine solche Reihenfolge von Dreiklängen, wie sie bei
»In the Mood« auftritt, nennt man *Kadenz.*

F = F-Dur-Dreiklang

Eine Kadenz ist also eine bestimmte Reihenfolge von
sogenannten Hauptdreiklängen einer Tonart, die mit dem
Dreiklang der Tonika beginnt und endet.
Das Stück »In the Mood« steht in der Tonart C-Dur.
Ihm liegt folgende Anordnung der Hauptdreiklänge oder
folgende Kadenz zugrunde:
1. Stufe (Tonika)
4. Stufe (Subdominante)
1. Stufe
5. Stufe (Dominante)
1. Stufe

G = G-Dur-Dreiklang

oder kurz: I – IV – I – V – I.

Kadenzmuster für »In the Mood«   → leichter spielbar

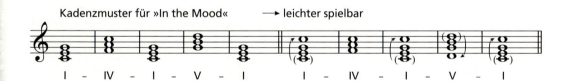

Aufgabe
– *Spielt zur Melodie die
Kadenzdreiklänge wie
angegeben auf Stabspielen
oder Keyboards.*

Musik wird Bewegung

Bewegung und Ausdruck

Spiegelspiel H II/27

- Stellt euch paarweise gegenüber. Eine oder einer ›malt‹ mit den Händen und den Armen die Musik nach, die ihr hört. Die andere oder der andere ahmt diese Bewegungen gleichzeitig wie ein Spiegel nach.
- Wechselt nach einiger Zeit eure Rollen.
- Setzt zunächst nur den Oberkörper, dann den ganzen Körper ein.
- Versucht eure Bewegungen spiegelbildlich auszuführen, ohne vorher auszumachen, wer die Bewegungen vormacht und wer sie nachahmt.

Unterwegs  H II/28-30

Ihr hört ein Musikstück und geht frei im Raum zu dieser Musik wie ein alter Mann. Die Musik wechselt nun. Eine Spielleiterin oder ein Spielleiter ruft euch eine Anweisung zu, wie ihr euch bewegen sollt, z.B.
- wie ein Wanderer, der einen schweren Rucksack trägt
- wie Kinder, die auf dem Heimweg aus der Schule sind
- wie ein Paar unter einem Regenschirm
- wie zwei Männer, die eine große Glasscheibe tragen.

Die Bewegungen sollen zur Musik passen.

Denkmal-Enthüllung

Überlegt, wie ihr in kleinen Gruppen mit
euren Körpern ein Denkmal darstellen
könnt, z.B. ein Reiterstandbild, eine Gruppe
von Frauen, die sich die Ohren zuhalten, …

Hinter einer Stellwand baut ihr euch als
Denkmal auf. Zu der Musik, die ihr selbst
ausgewählt habt, wird das Denkmal enthüllt,
die Stellwand wird zur Seite geschoben.
Doch plötzlich wird das Denkmal lebendig
und beginnt sich zu bewegen …

Mit Schatten spielen

Mit Hilfe einer Leine und eines großen Leintuchs könnt ihr
schnell eine Schattenspielbühne aufbauen. Beleuchtet wird
sie mit dem Tageslichtprojektor. Farbige Folien oder auf Folie
gezeichnete Kulissen können als Effekte eingesetzt werden.

Wählt geeignete Musik aus, die ihr mit Bewegungen im
Schattenspiel ausdrücken könnt. Darstellen lassen sich die
Stimmung der Musik, Unterschiede im Tempo, verschiedene
Instrumente, eine kurze Szene, die euch zu eurer Musik
einfällt, der Text eines Liedes …

Igor Strawinsky (1882–1971): Der Feuervogel

Die Musik zum Ballett »Der Feuervogel« komponierte IGOR STRAWINSKY im Jahr 1910. Vorlage für die Handlung waren zwei russische Märchen. Der Feuervogel besitzt Zauberkräfte und er hilft dem Zarensohn Iwan im Verlauf der Handlung den bösen Zauberer Kastschei zu vernichten.

Ein Ausschnitt aus der Handlung des Balletts:

Der junge Zarensohn Iwan sieht in einer Nacht dreizehn verzauberte Prinzessinnen, die in einem Garten um einen wundersamen Baum tanzen. Sie pflücken goldene Äpfel und spielen mit ihnen. Dabei entdecken sie Iwan und lassen ihn mittanzen. Als der Morgen dämmert, kehren die Prinzessinnen ängstlich in den Palast des bösen Zauberers Kastschei zurück.

Iwan hat sich in eine Prinzessin verliebt. Er folgt ihr heimlich in den Palast. Doch er wird entdeckt. Der Zauberer versucht, den Eindringling in einen Stein zu verwandeln. In seiner Not hebt Iwan eine Zauberfeder, die ihm der Feuervogel geschenkt hatte und ruft ihn herbei. Durch den Feuervogel verzaubert, müssen Kastschei und sein Gefolge tanzen, ob sie wollen oder nicht. Ein Höllentanz hebt an, an dessen Ende alle wie tot zu Boden fallen.

Aufgaben
– *Hört Ausschnitte aus STRAWINSKYS »Feuervogel«.*
 H II/31
Die Musik erzählt die Handlung. Versucht herauszufinden, welche Teile der Handlung von der Musik dargestellt werden. Tauscht eure Eindrücke aus.
– *Überlegt, wie ihr die Handlung pantomimisch darstellen könnt. Führt den Ausschnitt aus dem Feuervogel-Märchen zur Musik von STRAWINSKY auf.*
– *Versucht eure Bewegungen bei der Darstellung an der Musik zu orientieren.*

Eine eigene Szene entwickeln

Entwickelt selbst eine kleine Szene, die ihr mit Körpersprache darstellt. Als Anregung kann euch vielleicht folgende Idee weiterhelfen:

Ihr spaziert gemütlich durch einen Wald. Plötzlich merkt ihr, dass ihr euch verirrt habt. Ihr werdet unruhig. Im Wald wird es nun richtig unheimlich. Waren da nicht merkwürdige Geräusche? Habt ihr auch die Schritte gehört?

In Panik fangt ihr an zu rennen. Eure Fantasie spielt euch einen Streich. Überall schauen gespenstische Wesen hinter Bäumen hervor.

Endlich lichtet sich der Wald. Ihr seht vor euch die glatte Fläche des Sees, den ihr erreichen wolltet. Erleichtert lasst ihr euch in das Gras am Ufer fallen.

Aufgaben
– *Sucht selbst nach Ideen, die sich zu einer Szene entwickeln können. Schreibt diese Ideen als Text auf.*
– *Untersucht euren Text danach, welche Art von Musik zu den einzelnen Handlungsteilen passt.*
– *Wählt verschiedene Musikbeispiele für eure Szene aus und überspielt sie auf Kassette.*
– *Überlegt, ob ihr einfache Kulissen und Requisiten in eurer Szene benötigt.*
– *Führt eure Szene vor. Vielleicht ist es möglich, eine Videoaufnahme zu machen.*

Tänze

Die Suite

Das Wort *Suite* bedeutet in der Musikfachsprache eine ›Folge‹ von Tänzen, die sich in Ausdruck, Charakter und Tempo voneinander unterscheiden, jedoch meist in der gleichen Tonart stehen.
Die Wurzeln späterer Tanzsätze des 17. und 18. Jahrhunderts waren mittelalterliche *Tanzpaare:* Auf einen langsam geschrittenen Tanz im geraden Takt folgte ein schneller, gesprungener Nachtanz im ungeraden Takt, beim einfachen Volk als ›Dantz‹ und ›Hupfauf‹, bei der höfischen Gesellschaft als ›Pavane‹ und ›Gagliarde‹ oder ›Saltarello‹ beliebt.

In der Barockzeit war eine bevorzugte Reihung von vier Tanzsätzen üblich:
Allemande – Courante – Sarabande – Gigue
Später kamen weitere Tanzsätze dazu.

Die Tänze der Suite wurden immer mehr verfeinert oder ›stilisiert‹ und waren kaum noch zum Tanzen gedacht. JOHANN SEBASTIAN BACH (1685–1750) und GEORG FRIEDRICH HÄNDEL (1685–1759) nahmen in ihre oft nur noch für den Hörgenuss geschriebenen Suiten für Tasten- und Lauteninstrumente neuere Tänze auf, wie z.B. Gavotte, Bourée, Musette oder Menuett.

Bei den *Suiten für Orchester* war die instrumentale Besetzung anfangs offen; es fehlte auch die übliche Reihenfolge der Tänze wie in der Lauten- oder Cembalosuite. Am Anfang der Orchestersuite stand immer eine *Französische Ouvertüre* mit den Abschnitten langsam – schnell – langsam. Darauf folgten stilisierte aktuelle Tänze. JEAN-BAPTISTE LULLY (1632–1687), der aus Italien stammende Komponist am Versailler Königshof, war ihr Hauptvertreter.

In Deuschland bezeichnete man diese *französische Ouvertürensuite* oft nur als ›Ouvertüre‹. Zu dieser Gattung zählen z.B. BACHS vier »Ouvertüren« oder »Orchestersuiten«.

Vier Tanzlieder – Lieder-Suite

Aufgabe
Musiziert die folgenden Tanzlieder und nennt typische Merkmale.

Singen und Tanzen ist den Menschen seit jeher zu eigen. Dies erfährt man aus den zahlreich überlieferten Tanzliedern, die – wohl im Zusammenspiel mit einigen Melodieinstrumenten und Schlagwerk – für den praktischen Tanzgebrauch musiziert wurden. Melodie und Rhythmus der Lieder weisen deutlich auf die besonderen Kennzeichen der einzelnen Tänze hin.

Allemande   H II/32

Johann Steuerlein, 1575

Mit Lieb bin ich um-fan-gen, Herz - al - ler - lieb - ste mein.
Nach dir steht mein Ver - lan-gen, könnt ich doch bei dir sein.

Könnt ich dein Gunst er - wer - ben, käm ich aus gro - ßer Not, viel

lie - ber wollt ich ster - ben und wünscht mir selbst den Tod.

Courante  H II/33
Wie schön blüht uns der Maien

Georg Forster, Teutsche Liedlein, 1549

Wie schön blüht uns___ der Mai - en, der Som - mer fährt___ da -
Mir ist ein schöns Jung - fräu - lein ge - fal - len in mei - nen

hin;___ Bei ihr, da wär___ mir wohl,___ wenn
Sinn.___

ich nur an___ sie den - ke, mein Herz___ ist freu - de - voll.___

Sarabande  H II/34

Johannes Brahms, Deutsche Volkslieder Nr. 6

Da - un - ten im Ta - le läuft's Was - ser so trüb,___ und i

kann dir's nit sa - gen, i hab di so lieb.

Gigue  H II/35
A-hunting we will go

Aus England

Leicht und schnell

The dusk - y night rides down the sky, and ush - ers in___ the morn;___ the

hounds all join in glo - ri - ous cry, the hounds all join in glo - ri - ous cry, the

Fine

hounds all join_ in glo - rious cry, 1. the hunts - man winds his horn.___
2. a - hunt - ing we will go.___

Chor

And a hunt - ing we will go,___ a - hunt - ing we will go.___ The

Polonäse 🔵 H II/41

Die *Polonäse* ist polnischen Ursprungs. Man kennt sie etwa seit dem 16. Jahrhundert. Es handelte sich ursprünglich um einen feierlichen Aufzug der Tanzpaare mit verschiedenen Schreitfiguren. Heute werden oft gemeinsame Tanzveranstaltungen mit einer Polonäse eröffnet, bei der alle mitmachen können. Dies hat den Vorteil, dass jede(r) einmal auf der Tanzfläche war und die anfängliche Schüchternheit sich rascher legt. Auch die eingefleischten ›Nichttänzer‹ können mitmachen, da ja keine Tanzfiguren oder -schritte verlangt werden; gehen kann schließlich jeder.
Die vorgeschlagene Polonäse erfordert – von den zwei bzw. vier Führungspaaren abgesehen – keinerlei Vorkenntnisse. Als Teilnehmer geht man einfach mit.
Alle schließen sich paarweise den Führungspaaren an oder die Führungspaare gehen auf der Tanzfläche umher und fordern durch Handbewegungen alle zum Mitmachen auf. Wenn alle (oder die meisten) auf der Tanzfläche sind, beginnt die Polonäse.

Oben an der Tanzfläche ist immer dort, wo die Musik, der CD-Player, der Discjockey oder der Tanzleiter ist.
Eine kleine Polonäse soll hier genauer beschrieben werden, weitere Möglichkeiten könnt ihr den Vorschlagsskizzen entnehmen oder selbst erfinden.

Figur 1: Einmal um die ganze Tanzfläche herum.

Figur 2: Unten in der Mitte nach oben abbiegen, oben angekommen die Handfassung lösen, linke Reihe geht nach links, rechte Reihe nach rechts.

Figur 3: Die Reihen gehen aneinander vorbei (unten und oben).

Figur 4: Unten in der Mitte wieder paarweise Handfassung.

Figur 5: Abwechselnd paarweise nach links und rechts gehen.

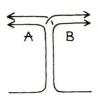

Figur 6: Paarreihe A hebt die gefassten Hände hoch, so dass sich eine Torgasse bildet, Paarreihe B geht etwas gebückt hindurch. Auch die Paarreihe A geht währenddessen weiter.

Figur 7: Dasselbe oben an der Tanzfläche: Jetzt hebt Paarreihe B die Hände und Paarreihe A geht hindurch.

Figur 8: Unten reihen sich die Paare wieder nacheinander an.

Figur 9: Oben gehen alle nach links, kurz nach dem Abbiegen löst Paar 1 die Fassung, geht etwas auseinander und bleibt stehen. Paar 2 geht am Paar 1 vorbei und macht dasselbe, usw. Es ensteht so eine Gasse, durch die alle hindurchgehen. Die stehenden Paare können im Takt der Musik in die Hände klatschen.

Aufgabe

Ihr könnt auch in der Klasse nach den Figuren 11–28 Polonäsen tanzen. Teilt eure Klasse in Achtergruppen (je 4 Paare) auf. Jede Gruppe stellt eine Polonäse zusammen. Nacheinander werden dann die einzelnen Vorschläge von allen (die gebildeten Gruppen sind dann jeweils die Führungspaare) getanzt.

Eine Jury entscheidet, wer die schönste (interessanteste, originellste, schwierigste, leichteste, beste, aus sechs Figuren bestehende) Polonäse (mit Gassenschluss) gefunden hat.

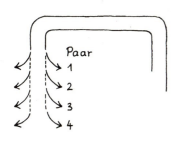

Figur 10: Wenn alle Tänzer stehen und eine Gasse bilden, fasst sich das erste Paar an den Händen und ›jagt‹ mit Anstell-schritten durch die Gasse. Am Ende angekommen, stellt es sich wieder hin. Paar 2, 3, 4 usw. machen dasselbe. Wenn alle wieder stehen, bricht die Musik ab. Eine neue Musik (Disco, Walzer, Marsch) beginnt und alle tanzen mit oder gehen an die Plätze zurück.

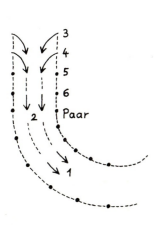

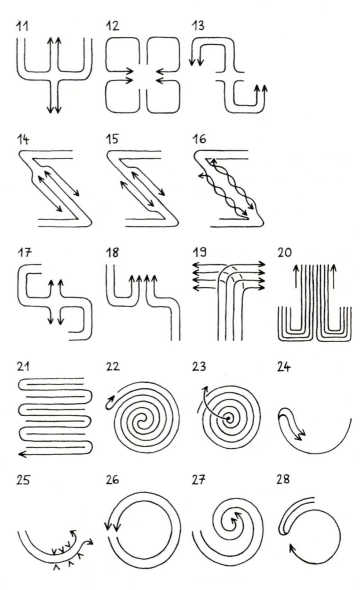

Der Walzer

Napoleon war besiegt und die Regenten Europas trafen sich in Wien, einer musikbegeisterten Stadt, um beim »Wiener Kongress« der Jahre 1814/15 dem Kontinent eine neue Ordnung zu geben. Der ›tanzende Kongress‹, wie er auch genannt wurde, ermöglichte aber auch den ersten internationalen Triumph des *Wiener Walzers*.

Er erforderte eine wesentlich schnellere Tanzbewegung als der bisherige Walzer. Was über lange Zeit für die Aristokratie das Menuett bedeutete, das war jetzt zu Beginn des 19. Jahrhunderts für das neu entstandene Bürgertum der *Walzer*.

Er erfreute sich überwiegend bei jüngeren und fortschrittlichen Bürgern großer Beliebtheit und wurde wegen seiner engen, geschlossenen Tanzfassung mehrfach verboten. Der Walzer ist ein Paartanz und seiner Form nach ein Rundtanz.

Entstanden ist der Walzer im österreichisch-bayerischen Gebiet. Volkstänze wie Dreher und Ländler sind seine Vorgänger. Zu diesen gehörten in alten Zeiten auch Tanzlieder. Beliebten Tanzmelodien wurden auch lustige und spotthafte Texte untergelegt. »O du lieber Augustin« ist solch ein Scherzlied mit einer alten Drehermelodie. *A 13*

Im Laufe der Zeit erhielt der Walzer eine klare Gliederung. Meist folgten fünf Walzer aufeinander; jeder bestand aus zwei unterschiedlichen Teilen mit in der Regel je 16 Takten. Eingerahmt wurde der Walzer-Zyklus von einer Introduktion (Einleitung) und einer Coda (Anhang), in der oft noch einmal die vorausgegangenen Melodien angedeutet wurden.

Die berühmtesten Walzerkomponisten für die Tanzmusik waren im 19. Jahrhundert die beiden Wiener JOHANN STRAUSS – Vater (1804–1849) und Sohn (1825–1899); sie hatten die gleichen Vornamen. Neben Vater STRAUSS wurde auch JOSEPH LANNER (1801–1843) als Tanzkomponist von den Wienern vergöttert.

Ball-Szene von Julius L. Steward (1885)

Aufgabe

Beschreibt mit Hilfe der Zeichnung die ›Doppelbewegung‹, die das Tanzpaar vollführen muss.

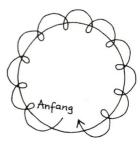

Anfang

»Walzen« bedeutete früher: sich um die eigene Achse drehen.

Aufgaben

– *Überlegt, welchen Zweck Introduktion und Coda für das Tanzpaar erfüllt haben könnten. Mit welchen »Höflichkeiten« wurde ein Tanz eingeleitet und beendet?*
– *Erkundigt euch nach der Tanzhaltung beim Walzer!*

Johann Strauß und seine Kapelle beim Hofball in Wien

Dem Wiener Männergesangverein widmete JOHANN STRAUSS
(Sohn) im Jahr 1867 den Walzer »An der schönen blauen
Donau«. 🔵 H II/37

Der fünfteilige Walzerzyklus
hat folgende Motive:

Aufgaben

– Besorgt euch eine Gesamt-
  aufnahme und hört euch
  den Walzer an.
– Bestimmt die Taktart.

– Wie viele Teile hat die
  Introduktion?
– Zwischen welchen Walzern
  hört ihr ein Zwischenspiel?

– In welcher Reihenfolge
  stellt STRAUSS in der Coda
  die Melodien nochmals vor?
  A 14

Auffällig beim Walzer sind die Betonung des ersten Taktteils
und die Dehnung beim zweiten und dritten Taktteil. Dadurch
erhält der Walzer beim Tanzen etwas Schwebendes.
Die Schrittfolge ist folgender Dreischritt:

»Walzer nennen sie hier Werke! Und Strauß und Lanner, die ihnen
zum Tanz aufspielen, Kapellmeister. Das soll jedoch nicht heißen,
dass hier alle so urteilen; im Gegenteil, fast alle lachen darüber,
aber darum werden nur Walzer gedruckt«
So urteilte im Dezember 1830 der damals als Klaviervirtuose und
Komponist berühmte FRÉDÉRIC CHOPIN (1810–1849). Er konnte
sich nicht für die Walzerseligkeit der Wiener begeistern. CHOPIN
schrieb seine Walzer, wie er sagte, »nicht zum Tanzen«, sondern
führte sie in den Salons, in denen sich wohlhabende Bürger und
sozial Höhergestellte trafen, als Konzertmusik auf. CHOPIN behielt
die Form des Walzers bei, doch schuf er mit ihm eine neue
Kunstform: den *Konzertwalzer*.

Frédéric Chopin
Gemälde von Ludwig Nauer

Aufgaben 🔵 H II/38

– Hört den Walzer in Es-Dur!
– Beschreibt euren Hörein-
  druck!

– Empfindet ihr den Walzer
  als Tanzmusik?
– Informiert euch über
  FRÉDÉRIC CHOPIN.

Bergerlandler 🔵 H II/39

In den Alpenländern Bayern, Österreich und Schweiz wird
heute noch der Volkstanz gepflegt und bei Familien- und
Volksfesten regelmäßig getanzt.
Bestandteil dieser Feste ist der Ländler, ein Tanz, der älter
ist als der Walzer und als dessen Vorgänger bezeichnet
werden kann. Der Bergerlandler wird im Salzburger Land
getanzt.

Grundschritt ist der Walzerschritt: l r l, r l r usw.
Der Tanz wird paarweise getanzt.
Er hat drei Bewegungsabläufe zu je 8 Takten.

Aufgabe
*Hört euch zunächst die
Musik an und geht im
Walzerschritt mit.*

1. Teil (T. 1–8)
Die Paare stehen im Kreis: der Tänzer innen, die Tänzerin außen.
Der Tänzer legt die linke Hand auf die Schulter seines Vorder-
mannes.
Die Tänzerin fasst die rechte Hand des Tänzers.
Der Tänzer geht in jedem Takt einen Schritt in Tanzrichtung.

1. Takt: Die Tänzerin überkreuzt mit dem linken Fuß den
          rechten (vom Tänzer weg), stellt den rechten Fuß
          daneben und schließt den linken Fuß an (l, r, l)
2. Takt: Die Tänzerin überkreuzt mit dem rechten Fuß den
          linken, wendet sich dem Tänzer zu, stellt links
          daneben und rechts wieder an.
Takte 3–4, 5–6 sowie 7–8: Die Bewegung entspricht T. 1–2.

2. Teil (T. 9–16)
Die Paare drehen sich zueinander, gehen seitwärts in Tanzrichtung
je einen Schritt im Takt, klatschen auf ›1‹ in die Hände des Partners, auf ›2‹ und ›3‹ in die eigenen Hände.

3. Teil (T. 17–24)
Die Paare fassen sich an den Händen und schwingen die Arme
nach links, nach rechts, nach links, nach rechts, und lösen die
Fassung. Jeder dreht sich um sich selbst. Danach wird die Figur
gegengleich wiederholt.

Nun beginnt der Tanz von vorn. Am Ende schließt sich ein kurzer
Walzer an.

Omal 🔵 H II/40

Der *Omal* ist ein Tanz aus dem nördlichen Griechenland,
der heute noch bei vielen Festen (Verlobung, Hochzeit,
Geburtstag) von allen Anwesenden getanzt wird.
Sollte eine griechische Mitschülerin oder ein Mitschüler in
eurer Klasse sein, ist sie (er) sicherlich gern bereit, euch die
Schrittfolge zu zeigen. Sie ist nicht schwer.

Handfassung

Alle Mittänzer und Mittänzerinnen fassen sich an den Händen und
beugen die Arme im Ellenbogengelenk ab. Während des ganzen
Tanzes beschreiben die gefassten Hände einen kleinen Kreis
(von oben nach unten).

Die Schrittfolge:

Schlag 1:   rechten Fuß nach rechts stellen;
Schlag 2:   linken Fuß nach rechts an den rechten Fuß anstellen;
Schlag 3:   rechten Fuß nach rechts stellen;
Schlag 4:   linken Fuß vor den rechten schwingen und mit der
            Fußspitze kurz auftippen (nicht abstellen, sondern mit
            linkem Fuß gleich weiter zu 5);
Schlag 5:   linken Fuß nach links stellen;
Schlag 6:   rechten Fuß vor den linken schwingen und mit der
            Fußspitze kurz auftippen (nicht abstellen, sondern
            gleich weiter mit 1).

Die Tänzerschlange bewegt sich
mit diesem Schrittmuster und mit den
Handbewegungen so durch den Raum,
wie der erste Tänzer sie führt.

Balaio   H II/41

Melodie: Brasilien
Text: Heinz Bucher

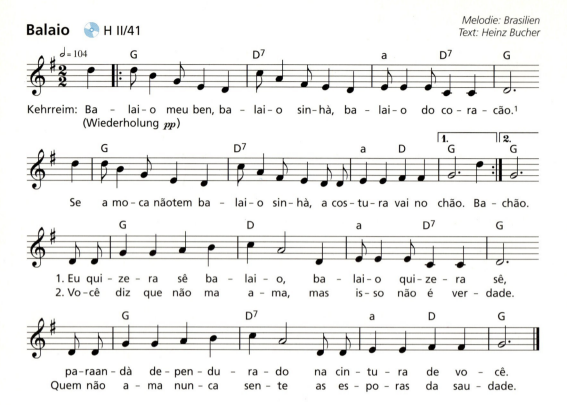

♩ = 104

Kehrreim: Ba – lai-o meu ben, ba – lai-o sin-hà, ba – lai-o do co-ra-cão.[1]
(Wiederholung *pp*)

Se   a mo-ca nãotem ba – lai-o sin-hà, a cos-tu-ra vai no chão. Ba-chão.

1. Eu qui-ze-ra sê ba – lai – o, ba – lai-o qui-ze-ra sê,
2. Vo-cê diz que não ma a – ma, mas is-so não é ver – dade.

pa-raan-dà de-pen-du – ra-do na cin-tu-ra de vo-cê.
Quem não a – ma nun-ca sen-te as es-po-ras da sau-dade.

1. Wär' ich nur bald ein balaio, balaio möcht' ich gern' sein,
   nur damit ich kann verweilen, immer an der Seite dein.

2. Wenn du sagst, du liebst mich nicht mehr, kann dies nicht die Wahrheit sein:
   Wer nicht liebt, wird niemals spüren, wie die Sehnsucht auslöst Pein.

[1] *Hat das Mädchen keinen balaio, Sinhá, reicht der Saum bis auf die Erde.*
balaio = runder Korb, der von Frauen, bei der Ernte (Kaffee/Baumwolle)
seitlich an die Hüften gebunden wird
meu ben = mein Beste(r), Schatz, Liebling
sinhá = Abkürzung für ›Senhora‹: Anrede für eine Dame (Slang)
do coração = des Herzens

Rhythmische Begleitung zu »Balaio«

Diese rhythmische Begleitung eignet sich auch
für das Lied »Un poquito cantas« (s. Seite 9)

Bewegungsvorschlag (Grundschritt der Samba):

RF vor	LF schließt (ohne Gewicht)	LF zurück	RF schließt (ohne Gewicht)

wiegende Bewegungen
Der Partner macht gegengleiche Bewegungen.

Hinkey Dinkey Parlez-vous  H II/42
Amerikanischer Square-Dance

1.

a) Honor: Partner wenden sich einander zu;
Herr verbeugt sich. Dame verbeugt sich oder
macht einen Knicks; dasselbe mit corner (Dame
zur Linken des Herrn, Herr zur Rechten der Dame).

›Do-sa-do‹ kommt von frz.
›dos-à-dos‹ = Rücken an Rücken

b) Alle do-sa-do mit corner (8 Takte).

c) Alle do-sa-do mit Partner (8 Takte).

d) Alle Tänzer fassen sich an den Händen;
sie gehen 4 Schritte vorwärts zur Mitte und
4 Schritte rückwärts zur Ausgangsposition (8 T).

2.

a) Damen 1 und 3 gehen 4 Schritte vorwärts
aufeinander zu und 4 Schritte rückwärts
zur Ausgangsposition (8 T).

b) Damen 1 und 3 do-sa-do miteinander (8 T).

c) Alle Tänzer do-sa-do mit corner (8 T).

d) Swing mit Partner (16 T).

e) Promenade mit Partner in Tanzrichtung (24 T),
jedes Paar beendet die Promenade
an seiner Ausgangsposition.
Wiederholung von 2a bis 2e für die Damen 2 und 4

3.

a) Alle Tänzer fassen sich an den Händen
und gehen im Kreis nach links (8 T).

b) Swing mit dem Partner einmal herum (8 T).

c) Alle Tänzer fassen sich an den Händen
und gehen im Kreis nach rechts (8 T).

d) Alle stehen in der Ausgangsposition.

Wiederholung von 2a bis 2e für die Herren 1 und 3.

Wiederholung von 2a bis 2e für die Herren 2 und 4.

Wiederholung von 3a bis 3d.

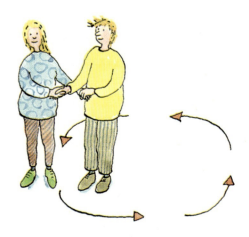

4.
Alle verbeugen sich erst gegenüber dem Partner;
dann gegenüber corner.

Call
1.
a) Honor your partner, honor your corner

b) Do-sa-do your corners all

c) Do-sa-do your partners all

d) Fall into the center all, places all and hear
   my call

2.
a) Two lead ladies forward and back

b) Same two ladies do-sa-do

c) Do-sa-do your corners all

d) Swing your honey round and round,
   swing, swing

e) Promenade your honey, promenade

Wiederholung von 2a bis 2e
für die Damen 2 und 4 (side ladies)

3.
a) Circle left around the ring

b) Break that ring and take a swing

c) Circle back in the same old track

d) Square your sets one and all

Wiederholung von 2a bis 2e
für die Herren 1 und 3 (head gents)

Wiederholung von 2a bis 2e
für die Herren 2 und 4 (side gents)

Wiederholung von 3a bis 3d

4.
Bow your partner, bow to your corner

Shoop Shoop Song H II/43
Ein Discotanz

Jede Grundeinheit besteht aus acht Zählzeiten.
Auf jeder Zählzeit wird eine Bewegung ausgeführt.

Teil A besteht aus vier Grundeinheiten (GE):

GE 1
1 rechter Fuß tip
2 rechter Fuß einen Schritt nach vorne
3 linker Fuß tip
4 linker Fuß einen Schritt nach vorne
5 rechter Fuß ⎫
6 linker Fuß ⎬ halbe Drehung
7 rechter Fuß ⎭
8 linker Fuß tip

GE 2
1 linker Fuß tip
2 linker Fuß einen Schritt nach vorne
3 rechter Fuß tip
4 rechter Fuß einen Schritt nach vorne
5 linker Fuß ⎫
6 rechter Fuß ⎬ halbe Drehung
7 linker Fuß ⎭
8 rechter Fuß tip

GE 3
1 rechter Fuß zur rechten Seite
2 linker Fuß kreuzt über den rechten
3 rechter Fuß zur rechten Seite
4 linker Fuß kickt über rechten
5 linker Fuß zur linken Seite
6 rechter Fuß kreuzt über linken
7 linker Fuß zur linken Seite
8 rechter Fuß kickt über rechten

GE 4
1 rechten Fuß belasten
2 Hüfte federn
3 »That's where«: ⎫
4 »it is«:   ⎬ Mit dem Zeigefinger nach oben zeigen
5 linken Fuß belasten
6 Hüfte federn
7 nachfedern
8 nachfedern

Teil B besteht aus vier Grundeinheiten:

GE 1
1 rechter Fuß Kreuzsprung vor linkem Fuß
2 linker Fuß Kreuzsprung vor rechtem Fuß
3 Grätschsprung
4 Klatsch Schenkel
5 Klatsch Hände
6 beide Arme nach rechts oben
7 Fingerschnalzen
8 Fingerschnalzen

GE 2
1 linker Fuß zur linken Seite
2 rechter Fuß kreuzt über linken Fuß
3 linker Fuß zur linken Seite
4 rechter Fuß kreuzt über linken Fuß
5 linker Fuß zur linken Seite
6 beide Arme nach links oben
7 klatschen
8 klatschen

GE 3
1 rechter Fuß Kreuzsprung vor linkem Fuß
2 linker Fuß Kreuzsprung vor rechtem Fuß
3 Grätschsprung
4 Klatsch Schenkel
5 Klatsch Hände
6 beide Arme nach links oben
7 Fingerschnalzen
8 Fingerschnalzen

GE 4
1 rechter Fuß zur rechten Seite
2 linker Fuß kreuzt über rechten Fuß
3 rechter Fuß zur rechten Seite
4 linken Fuß nachstellen
5 Grätschsprung
6 Arme von oben nach außen führen
7 Arme nach unten führen
8 Arme hängen unten

Ablauf des Discotanzes:
1.: Teil A
2.: Teil A (GE 4 wird wiederholt)
3.: Teil B
4.: Teil A
5.: Teil A
6.: Teil B
7.: Teil A
8. Fade out: Ungeordnetes Gehen im Raum, immer bei »That's where it is«
   zeigt der Zeigefinger nach oben

Wirkungen von Musik – Manipulation durch Musik

Musik am Arbeitsplatz

Es gibt eine ganze Reihe von Firmen, die ›Beschallungs-
anlagen‹ für die verschiedensten Räume und Räumlichkeiten
anbieten; gleichzeitig liefern sie auch die dazugehörige
Musik. Ihre Werbeargumente belegen sie durch groß-
angelegte Untersuchungen mit vielen tausend Menschen
an ihrem Arbeitsplatz.

Demzufolge lassen sich mit Musik angeblich erstaunliche
Ergebnisse erzielen.

- Sie kann Leistungen steigern,
- sie wirkt je nach Art beruhigend oder aufputschend auf die
  Menschen,
- sie schafft eine ›freundlich-harmonische‹ Atmosphäre,
- sie entspannt, nimmt Nervosität und Angst (etwa beim Arzt),
- sie macht längeres Warten erträglicher (beim Zahnarzt im
  Wartezimmer),
- sie überdeckt unliebsame Arbeitsgeräusche,
- sie macht gute Laune, fördert die Arbeitslust,
- sie verhindert Ermüdungserscheinungen bei eintönigen
  Arbeiten,
- sie schafft ›positive‹ Stimmungen.

Wichtig ist allerdings, dass diese Musik ›geglättet‹ und
›gefällig‹ ist. Was bedeutet dies?

Ein altes ›Rezept‹ gibt Aufschluss:
Man nehme eine hinreichend bekannte Melodie oder ein
Lied, entferne den Text, drossele die Lautstärke insgesamt
und auch innerhalb des Stückes (Unterschied zwischen forte
und piano darf kaum hörbar sein), gleiche zu stark hervor-
tretende Instrumente an die anderen Instrumente an, lasse
die rhythmische Begleitung im Hintergrund und im Tempo
des Herzschlags spielen, verändere das Tempo nicht oder nur
behutsam.

Eine solche Musik, behauptet man, geht zwar ins Ohr, kann sich aber dort nicht festsetzen, sondern wird von der nachfolgenden Melodie wieder verdrängt. Kurzum, sie spricht mehr das ›Unterbewusstsein‹ der Menschen an. Diese können oft nicht mehr sagen, *was* sie gehört haben, sondern wissen nur, dass sie etwas gehört haben. Die Musik lenkt nicht nur von den Tätigkeiten ab, sondern macht eine ›gute Stimmung‹, verdrängt Unlustgefühle, Nervosität, Angst, Aufgeregtheit und Ärger.

Aufgaben H II/44–45

– *Erprobt an euch selbst, ob und wie ihr bei den folgenden Hörbeispielen konzentriert rechnen könnt.*
– *Diskutiert die Ergebnisse.* H II/46–51
– *Entscheidet bei den folgenden Hörbeispielen, ob sie sich als ›Beschallung‹ eignen oder nicht. Begründet eure Entscheidung. Für welchen Zweck würdet ihr sie einsetzen?*

– *Sucht Musik, von der ihr glaubt, dass sie zur Beschallung geeignet ist. Vielleicht müsst ihr sie nach dem ›alten Rezept‹ noch bearbeiten?*
– *Könnt ihr euch vorstellen, dass Musik am Arbeitsplatz eure Leistung ohne euren Willen steigert?*
– *Ist es denkbar, dass Musik im Kaufhaus die Käufer anregt, mehr zu kaufen, als sie vorhatten?*
– *Wolltet ihr am Arbeitsplatz ständig Musik hören?*

Wie eine Schlaftablette gegen Kopfschmerz

Interessant ist die Aussage eines ›Insiders‹ (jemand, der in der Branche arbeitet und die Bedingungen und Absichten kennt): „Die Zeit, da wir glaubten, die Beschallung erhöhe die Arbeitsproduktivität bzw. die Kauflust, ist wohl endgültig vorbei. Heute betrachten wir die Beschallung als einen gewissen ›Service‹, der das Arbeitsklima verbessert, das Wartezimmerklima angstfrei und das Warten erträglich macht, das Einkaufsklima im Kaufhaus in positivem Sinne gestaltet, so dass die betreffenden Leute im Augenblick zufrieden sind. So gesehen ist die Beschallung wie eine Medizin, so wie es Tabletten gegen Kopfschmerz und Unwohlsein gibt, ist sie die Pille gegen Unlustgefühle in den verschiedenen Räumen.«

Aufgaben

– Was meint ihr zu dieser Aussage?
– Es gibt Leute, die am liebsten diese Art von Beschallung verbieten wollen. Ihr Argument: „Gegen diese Beeinflussung (Manipulation) können wir uns ja gar nicht wehren.«

– Überlegt euch folgende Situation: Jemand will sich im Kaufhaus über etwas beschweren. Beim Betreten hört er eine ihm schon bekannte Musik, z.B. ein Stück von RONDO VENEZIANO, sehr gepflegt und leise gespielt. Meint ihr, dass der Betreffende sich lautstark bei einer Verkäuferin beschwert?

Leise Musik (Beschallung) vermittelt das Gefühl, nicht alleine zu sein. Angstgefühle durch Dunkelheit, Stille und Einsamkeit werden so verdrängt.

Im Jahre 1989 erschien in einer New Yorker Zeitung folgende
Nachricht: Das Bezirksgericht Brooklyn verbot einem Kaufhaus den
Einsatz von sogenannten ›Psychologischen Musikkassetten‹.
Diese würden ohne Einverständnis der Kunden gespielt und
wären geeignet, die »Unverletzlichkeit der Person«, wie sie in der
amerikanischen Verfassung verankert ist, teilweise außer Kraft
zu setzen.

Was war geschehen?
Psychologen, die Untersuchungen über die Wirkung von Musik auf
Menschen machten, entdeckten: Bis zu einer gewissen Lautstärke
nahmen die ›Probanden‹ (Versuchspersonen) die Musik wissentlich
wahr, konnten sie akzeptieren oder ablehnen. Das Gleiche galt für
den dazu gesprochenen Text. Unter einer gewissen Lautstärke
jedoch wurden Musik und Text nur noch vom *Unterbewusstsein* der
Versuchspersonen wahrgenommen, d.h. sie konnten das Gehörte
weder ablehnen noch akzeptieren, da sie es ja nicht ›bewusst‹
hörten.
Diese Beobachtung brachte die Psychologen auf folgende Idee:
Um die Diebstahlshäufigkeit in Kaufhäusern herunterzusetzen,
beschlossen sie ein Musikprogramm zu entwickeln, in dem in
gewissen Abständen sogenannte ›gesungene und gesprochene
Botschaften für das Unterbewusste‹ einkomponiert wurden, in
einer Lautstärke, die nicht bewusst wahrgenommen werden
konnte. Z.B.: »Bleibe ehrlich, bleibe ehrlich …« usw.
Ohne dass es die Kunden wussten, wurde dieses so vorbereitete
Programm über einige Wochen hinweg in einem Kaufhaus
eingesetzt und was die Fachleute erwartet hatten, trat ein:
Die Diebstahlsrate ging stark zurück. Ein voller Erfolg also?

Aufgabe
Wie hättet ihr als Richter entschieden? Sprecht darüber.
Folgende Stichworte können Hilfe geben:
Unverletzlichkeit der Person – alles, was nützt, muss erlaubt sein –
dies ist (k)ein Eingriff in die persönlichen Rechte – das darf nur im
Einverständnis mit dem Gericht gemacht werden – den Anfängen
muss gewehrt werden – da man es sowieso nicht merkt, ist es
doch egal – man braucht ja nicht in dieses Kaufhaus zu gehen –
nur der ist dagegen, der ein schlechtes Gewissen hat.

Werbung

Aufgabe
Diskutiert die unterschiedlichen Standpunkte und ordnet sie nach richtig und falsch ein.

Wann wirbt die Ente für ihr Ei?

Die Werbung übertreibt. Sie will uns mit aller Gewalt zum Kaufen überreden.

Werbung ist nötig! Ohne Werbung wissen wir nichts von den Waren

Wer am meisten wirbt, hat die besten Erzeugnisse.

Mir gefallen die Bilder und Filme im Fernsehen.

Werbung beschreibt genau die Waren. Wir erhalten so mehr Informationen.

Werbung macht die Ware billiger, weil viel gekauft wird.

Die Waren, die angepriesen werden sind alle gut. Sonst würden sie nicht angepriesen Deshalb können wir bedenkenlos kaufen, was die Werbung anpreist.

Werbung erleichtert uns die Auswahl und Kaufentscheidung

Durch Werbung wird die Ware besser

Werbung lügt!

»Warum ist der Umsatz an Hühnereiern größer als der Umsatz von Enteneiern?«, fragte ein amerikanischer Werbespezialist bei einem Vortrag seine Zuhörer. Die Antwort lautete:

»Weil das Huhn, wenn es ein Ei gelegt hat, laut gackernd herumläuft, während die Ente, ohne einen Ton von sich zu geben, davonwatschelt!«
Mit dieser scherzhaften Bemerkung traf der Werbefachmann ins Schwarze. Wenn ein Produkt – und sei es noch so gut, billig und für alle Menschen von Vorteil – nicht bekannt ist, wird es im allgemeinen nicht ver- und gekauft.
Die Konsequenz also lautet: Es muss ›gegackert‹ (geworben) werden, je lauter, desto besser!

Vielleicht versteht ihr nun, warum alle Firmen, die etwas verkaufen wollen, einen ›Werbe-Etat‹ haben. Die vielen Werbeagenturen sind entstanden, weil inzwischen die *Werbung* zu einer Wissenschaft geworden ist, die man nicht nur mit der linken Hand betreiben kann.

Aufgaben
– Überlegt, wo und wie überall für ein Produkt geworben wird.
– Sammelt Werbung aus Zeitungen, Zeitschriften, von Plakaten, macht Mitschnitte von Rundfunk- und Fernsehwerbesendungen. Fertigt ›Dokumentationen‹ an.

– Überlegt, ob immer nur mit den tatsächlichen Vorzügen des Produktes geworben wird.
Untersucht dazu einige Werbespots. Werden Gefühle und Sehnsüchte versteckt angesprochen? Welche Rolle spielt dabei die Musik?

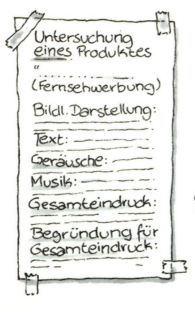

A-I-D-A auf der Werbebühne   H II/52

Eine gute Werbung muss nach Auffassung der Werbebranche vier Punkte erfüllen, die in dem Merkwort ›A-I-D-A‹ stecken.

A = attention (Aufmerksamkeit erregen)
I = interest   (Interesse erwecken)
D = desire   (Wunsch wecken, es zu besitzen)
A = action   (den Käufer bewegen, zu kaufen)

Schon bald hatte die Werbebranche entdeckt, dass neben dem gesprochenen Wort und dem Bild sich die Musik hervorragend für die Werbung eignet.

Werbung ohne Musik, also nur Text, wird vom Zuhörer meist sehr viel kritischer betrachtet, als wenn Musik unterlegt ist.
– Musik macht aufgeschlossener, schafft Stimmung.
– Musik erweckt im Zuhörer bestimmte Assoziationen (gedankliche und gefühlsmäßige Verbindungen zu früher Erlebtem und Erfahrenem).

Aufgabe
Untersucht das Hörbeispiel auf diese Forderungen hin. Überlegt, ob diese Punkte eingehalten wurden.

Wie entsteht ein Werbespot im Fernsehen?

Wir wollen den Werbefachleuten einmal über die Schulter schauen:

Zu der Ware, für die geworben werden soll, wird eine Idee gesucht. Ist sie gefunden, dann wird das ›Story-Board‹ gemacht, d.h. wie bei einem Comic-Strip wird jede Phase des Spots dargestellt und mit Zeitangaben für Bild, Wort, Geräusch und Musik versehen.
Der Werbekomponist bekommt nun dieses Story-Board mit einem ›Briefing‹, das sind Informationen der Werbeagentur, in denen genau beschrieben wird, wie die Musik zum Werbespot klingen soll, welche Eigenschaften sie haben soll.

Aufgaben
– *Was zählt wohl zu den Produktionskosten?*
– *Versucht eine Werbung zu gestalten. Sucht euch einen Artikel dazu aus.*
– *Gestaltet mit dem nebenstehenden Story-Board für »Rolsti« einen Werbespot. Um welches Produkt könnte es sich handeln? Welche Musik passt am besten dazu? Welche nicht? Begründet eure Entscheidung.*

Beispiel: Wir stellen uns eine festliche Musik vor, um die edle Ware zu kennzeichnen, am Schluss soll ein strahlender Akkord stehen.

Der Werbekomponist entwickelt nun einen musikalischen Vorschlag, bespricht ihn mit seinen Auftraggebern, ändert ihn vielleicht nach deren Wünschen ab. Wenn dann alle zufrieden sind, fertigt er die Partitur und macht für das fertige ›Mutterband‹ einen Kostenvoranschlag, der zwischen 5.000 DM und 20.000 DM liegen kann.

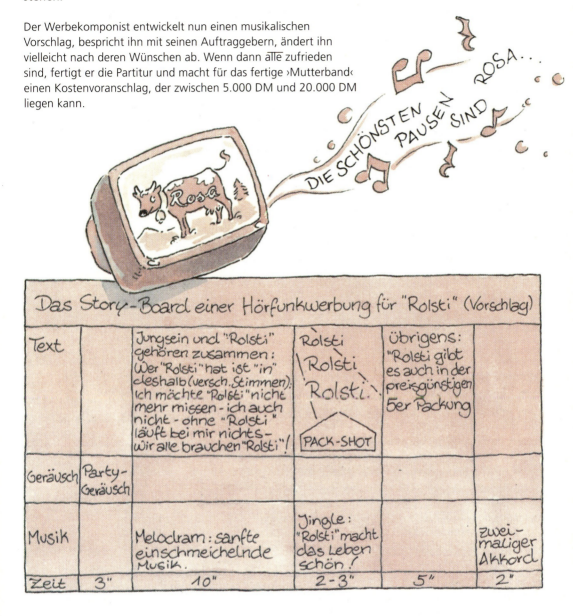

Das Story-Board einer Hörfunkwerbung für "Rolsti" (Vorschlag)

Text		Jungsein und "Rolsti" gehören zusammen: Wer "Rolsti" hat ist "in" deshalb (versch. Stimmen): Ich möchte "Rolsti" nicht mehr missen - ich auch nicht - ohne "Rolsti" läuft bei mir nichts - wir alle brauchen "Rolsti"!	Rolsti \ Rolsti \ Rolsti \ PACK-SHOT	übrigens: "Rolsti gibt es auch in der preisgünstigen 5er Packung
Geräusch	Party-Geräusch			
Musik		Melodram: sanfte einschmeichelnde Musik.	Jingle: "Rolsti" macht das Leben schön!		zweimaliger Akkord
Zeit	3"	10"	2-3"	5"	2"

Noch einige Fachausdrücke:

Melodram	Musik, die einen Text untermalt
Lied	gesungener Text
Jingle	musikalisches Erkennungssignal (3–5 Sek.)
Packshot	Produkt muss groß im Bild sein oder genau benannt werden, die entsprechende Musik genau dazu passen.

Was wir über Musik wissen sollten

Notenwerte, Pausenwerte

Unterschiedliche Tonlängen werden in *Notenwerten* ausgedrückt, unterschiedliche Pausenlängen in *Pausenwerten*.

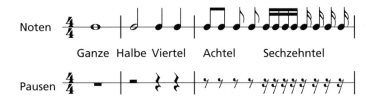

Takt und Rhythmus

Takt nennt man die Einteilung eines Musikstücks in gleich lange Einheiten aus einer Folge von betonten und unbetonten Grundschlägen,
Auftakt die erste(n) Note(n) vor dem Taktstrich.
Rhythmus ergibt sich durch Unterschiede in der Tondauer.

Notennamen

Die Namen der Noten werden mit den Buchstaben des Alphabets bezeichnet (Ausnahme: h statt b)

Intervalle

Den Tonraum, den zwei Töne (sie selbst eingerechnet) umfassen, nennt man *Intervall*. Die Fachausdrücke für die verschiedenen Intervalle sind von lateinischen Ordnungszahlen abgeleitet.

Tonleitern und Dreiklänge	Bei einer Melodie werden die Töne nacheinander, bei einem Zusammenklang (Akkord) übereinander notiert.

Dreiklänge und Hauptdreiklänge	

Akkordverbindungen Kadenz (S. 95)	Die Dreiklänge auf den Stufen I, IV und V enthalten alle Töne der Tonleiter und heißen *Hauptdreiklänge.* Ihre Abfolge nacheinander als Akkordkette heißt *Kadenz.*

Dur- und Moll-Tonarten	Eine Moll-Tonart mit demselben Tonvorrat und den gleichen Vorzeichen wie eine Dur-Tonart nennt man *Paralleltonart;* sie liegt eine kleine Terz unter der zugehörigen Dur-Tonart.

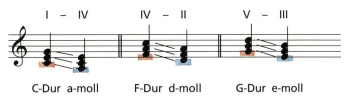

Musikalische Formen Menuett (S. 80)	Das **Menuett** war ursprünglich ein französischer Tanz. Seinen gemächlichen 3/4-Takt und die beschwingten Melodien haben Komponisten wie HAYDN und MOZART übernommen und zu einer Kunstform stilisiert.
Ländler und Walzer (S. 104 ff.)	Der aus dem Alpenland stammende **Ländler** gilt mit seinem mäßig bewegten 3/4-Takt als der Vorläufer des **Walzers,** der sich dann in Wien zum schnellen und beschwingten Tanz entwickelte.
Rondo (S. 84 ff.)	Das **Rondo** (ursprünglich Rundtanz) ist eine Musikform, bei der gleiche und gegensätzliche Teile aufeinander folgen. Häufig anzutreffende Folgen sind: A – B – A – C – A – B – A oder A – B – A – C – A – D – A …
Variation (S. 88 f.)	In **Variationen** wird ein musikalisches Thema oder auch dessen Begleitung in Melodie, Takt, Rhythmus, Harmonie und Tongeschlecht so verändert, dass es einen anderen Klangcharakter bekommt. Die Grundform bleibt dabei meist erkennbar.

Orchester-Instrumente
(S. 59)

Sinfonieorchester

Saiteninstr.	Violine, Viola, Violoncello, Kontrabass, Harfe, Klavier (Cembalo)
Holzbläser	Querflöte, Oboe, Klarinette, Saxophon, Fagott
Blechbläser	Trompete, Posaune, Horn, Tuba
Schlaginstr.	Pauke, Trommel, Becken, Xylophon, Triangel, Tamburin, Kastagnetten, Tamtam

Wichtige Komponisten

(S. 82)

BACH, JOHANN SEBASTIAN (1685–1750), lebte als Kind in Thüringen und mußte nach dem frühen Tod der Eltern schon bald selbst zu seinem Lebensunterhalt beitragen. Nach einer Ausbildung in Lüneburg wirkte er zunächst in seiner Heimat als Geiger, Organist, Konzert- und Kapellmeister. Ab 1723 bis zu seinem Lebensende war BACH Thomaskantor in Leipzig. BACH schrieb Musik für nahezu alle Stile und Besetzungen – außer Opern. Besonders bedeutend sind seine Oratorien, Orgelwerke, Klavierzyklen und seine zahlreichen Kirchenkantaten. Zu seinen Lebzeiten erkannten nur wenige die Größe seiner Kompositionen, als genialer Orgelspieler aber war er hoch ›aestimiret‹.

(S. 54 ff.)

MUSSORGSKY, MODEST (1839–1881), gilt als Neuerer der russischen Musik. Er schrieb Opern (»Boris Gudonow«), Orchester- und Klavierwerke. Besonders populär ist sein Klavierwerk »Bilder einer Ausstellung«.

(S. 88 f.)

SCHUBERT, FRANZ (1797–1828), Lehrersohn aus Wien, war selbst kurze Zeit Lehrer, widmete sich dann aber im Kreise seiner Freunde, mit denen er immer wieder musikalische Abende (»Schubertiaden«) veranstaltete, ganz der Musik. SCHUBERT gilt als Meister des Sololiedes, er komponierte über 600 Lieder, darunter so bekannte Zyklen wie »Die schöne Müllerin« und »Die Winterreise«. Er schrieb auch Sinfonien, Kammermusik und Klavierwerke. Verarmt starb SCHUBERT 31-jährig in Wien.

(S. 98)

STRAWINSKY, IGOR (1882–1971) stammte aus Russland, lebte später in Frankreich, der Schweiz und Kalifornien (USA). STRAWINSKY schrieb Ballettmusiken, Opern, Oratorien und Chorwerke.

(S. 60 ff.)

WEBBER, ANDREW LLOYD (geb. 1948) ist Komponist, Pianist, Arrangeur und Theaterbesitzer. Schon als jungem Mann gelangen ihm große Werke. Der erste Welterfolg war 1969 »Jesus Christ Superstar«. Aus der heutigen Musicalszene ist WEBBER (»Das Phantom der Oper«) nicht mehr wegzudenken.

Register

(*kursiv* = mit Notenbeispiel)

Bildquellen-Verzeichnis

Action press, Hamburg: S. 60 o., 66 o.

Archiv für Kunst und Geschichte, Berlin: S. 42 u., 47 u., 54 u., 58 u., 72., 74, 75, 88 o., 104 o., 105

Irmgard Arnold, Wiebaden: S. 66 m.. 68 o.r., 70 o., 71 o.

Verena Ballhaus, Wangen i.A.: S. 3, 4, 12, 13, 16–22, 25, 33, 35, 36, 48, 54 m., 106–113

Bavaria Bildagentur, Gauting: S. 47 u.l., 67 o.r., 92

Boosey & Hawkes, London: S. 59 o.

Rosemarie Castera, Hannover: S. 45, 50, 52 u., 55, 66 u., 76, 78, 80, 85, 102, 103, 123, 124

DPA Deutsche Presseagentur, Frankfurt/Main: S. 52 o.l., 52 o.r., 52 m., 60 u., 67 u.r., 69, 77 u.

FAN Association, Koblenz: S. 68 u., 72 o.

Walter Häberle, Ostfildern: S. 87, 88 u., 96, 97, 99

Karl Hofer, Zürich: S. 77 o.

aus: Elisabeth Janda und Fritz Nötzold: Die Moritat vom Bänkelsang oder das Lied von der Straße. München 1959: S. 43

Jazz-Institut, Darmstadt: S. 94

Keystone Pressedienst, Hamburg: S. 67 o.l.

Gerhard Kolb, Blaustein: S. 61, 63, 65

Künstlersekretariat Rolf Sudbrack, Hamburg: S. 84 u.

aus: Karin von Maur (Hg.): Vom Klang der Bilder. Die Musik in der Kunst des 20. Jahrhunderts. München 1985: S. 82

Gebrüder Metz Verlags GmbH, Wannweil: S. 70 u., 71 m.

Music Meyer, Marburg: S. 73

Oper Leipzig (Andreas Birkigt): S. 98

Preußischer Kulturbesitz, Berlin: S. 40, 42 o., 79 o., 79 u., 104 u.

Wolfgang Schmock, Würzburg: S. 46, 47 o.l., 47 o.r.

Schroedel Archiv: S. 68 u., 72 o.

Bernd Webler, Wiesbaden: S. 53, 114–121

aus: Hans Christoph Worbs (Hg.): Modest Mussorgsky in Selbstzeugnissen und Bilddokumenten. Reinbek bei Hamburg: S. 58 o.

Copyright-Verzeichnis

M = Melodie
T = Text
S = Satz
Tü = Textübertragung
B = Begleitstimme
Ta = Tanzanweisung
Sp = Spielanweisung

Seite

6 © M und T: Westbury Music Ltd., London,
Tü: Schroedel Schulbuchverlag GmbH,
Hannover

7 M und T: Aktive Musik Verlagsgesellschaft
mbH, Dortmund

8 M und T: Edward B. Marks Co./Charing
Music, Inc., Rolf Budde Musikverlag GmbH,
Berlin

9 Tü: Musikverlag Hieber, München

10 M, T und Tü: 1962 M. Witmark Songs.
Für D/CH/Osteuropäische Länder: Sony/ATV
Music Publishing GmbH, Frankfurt am
Main

11 T und Tü: Georgs-Verlag, Neuss

15 S: Möseler Verlag, Wolfenbüttel

18 M und T: 1972 Island Music Ltd., London.
Für Deutschland: Polygram Songs Musikverlag GmbH, Hamburg

19 S und Tü: Schroedel Schulbuchverlag
GmbH, Hannover

20 M: Bärenreiter Verlag, Kassel

21 S: Schroedel Schulbuchverlag GmbH,
Hannover

22 S: Schroedel Schulbuchverlag GmbH,
Hannover

23 S: Schroedel Schulbuchverlag GmbH,
Hannover

24/25 M und T: EMI Nobile Verlag GmbH,
Hamburg

27 S: Schroedel Schulbuchverlag GmbH,
Hannover

34 M: 1972 Marantha! Music. Rechte für
D/A/CH: CopyCare Deutschland, PF 1220,
73762 Neuhausen

36 S: Schroedel Schulbuchverlag GmbH,
Hannover

38 Tü: Schroedel Schulbuchverlag GmbH,
Hannover

41 Ta: Schroedel Schulbuchverlag GmbH,
Hannover

44 T: Fidula-Verlag, Boppard/Rhein und
Salzburg

51 M: Editions Durand S.A., Paris. Für
Deutschland: Per Lauke Verlag, München

58 M: Editions Durand S.A., Paris. Für
Deutschland: Per Lauke Verlag, München

64 M und T: 1970 MCA Music Ltd.
Für D/A/CH und Ostblock: MCA Music
GmbH, Hamburg

73 M: © 1989 Edition Hazienda-Touchton,
München

90 u. M: © by Bellinda Music (Austr.) PTY/Hill
Range Songs Inc.
Für D/GUS/Osteuropäische Länder:
Musikverlag Intersong, Hamburg

91 M: Editions Durand S.A., Paris. Für
Deutschland: Per Lauke Verlag, München

94 M: Shapiro, Bernstein & Co., Inc. West Ton
Verlag GmbH, Hamburg

108 Tü: Schroedel Schulbuchverlag GmbH,
Hamburg

109 B: Schroedel Schulbuchverlag GmbH,
Hamburg

112 Ta: Otto Nigmann, Schwäbisch Gmünd
(Rechte beim Autor)